AF279715

MARIO SALVADOR ARROYO MARTÍNEZ FABRE

TEOLOGÍA DE LA TECNOLOGÍA

EDICIONES UNIVERSIDAD DE NAVARRA, S.A.
PAMPLONA

Serie: Religión

Cupón para la Biblioteca Virtual

Accede a la versión eBook de este título por solo **1,99 €**. Con la compra de este libro puedes utilizar el siguiente cupón para la lectura en *streaming** desde la Biblioteca Virtual. **Sigue estas instrucciones** para visualizar tu libro:

1. Dirígete a la web de la Biblioteca Virtual en **https://ebooks.eunsa.es**.

2. En la web ve a **Iniciar sesión** e introduce tu email y contraseña. Si no estás registrado, deberás completar el proceso en **Registrarse**.

3. Tras registrarte, accede a la página del libro o lee el QR de esta página. Bajo el precio podrás **insertar el código oculto en el siguiente cupón** para activar la promoción.

Despegue para visualizar

Acceso directo al eBook

Canjéalo en ebooks.eunsa.es

*Con acceso a internet desde cualquier navegador.

ISBN 978-84-313-3931-9
DL NA 432-2024

Fotografía cubierta
iStock

Printed in Spain – Impreso en España
Imprime: Podiprint

A la memoria de mi padre:
Raúl Arroyo de la Vega (1947-2022)

Índice

Prólogo a *Teología de la Tecnología*

El siglo XXI está viviendo una de las revoluciones tecnológicas más relevantes de los últimos tiempos, si bien el cambio ha sido constante desde la Ilustración y sobre todo en el siglo XX, la tecnología no ha hecho más que crecer y multiplicarse. Aún es pronto para poder hacer juicios valorativos amplios, pero en muchos contextos distintos -políticos, sociales, académicos-, y de acuerdo a diversos especialistas se suele decir que estamos atravesando ya una cuarta revolución tecnológica liderada por el desarrollo de la computación e internet.

Además de la importancia que los desarrollos computacionales han tenido en los últimos años, otras áreas del desarrollo tecnológico no se quedan atrás en cuanto a la complejidad de lo que se está proponiendo y lo que se está logrando. Los avances en el área de la biotecnología, la edición genética, la astronomía y la física aplicada son impresionantes. Parecería que la tecnología en general está ganando la carrera y sigue avanzando a toda velocidad hacia una línea de meta que sólo se ve lejana en el horizonte. ¿Por qué la tecnología avanza de este modo? ¿Con qué objetivos se desarrolla? ¿Para qué o para quién? ¿Es deseable y obligado hacer todo lo que sea posible o podríamos detenernos, reflexionar y ponerle límites?

Entre las múltiples voces que tratan de explicar y darle sentido al desarrollo tecnológico contemporáneo encontramos a los creadores mismos de la tecnología en sus respectivas áreas de trabajo; a los filósofos y académicos en las universidades; a los empresarios y a los políticos y abogados, que el día de hoy se preocupan y ocupan, incesantemente, de la necesidad de generar legislaciones adecuadas a los avances tecnológicos; la mayoría de ellos preocupados porque los desarrollos se dan demasiado rápido y la reflexión necesaria para su valoración parece ir siempre tarde. Todas estas voces generan aportes importantes a las reflexiones sobre el papel que la tecnología desempeña o debería desempeñar en nuestras sociedades, pero hace falta todavía escuchar con más fuerza algunas voces; una de ellas, muy importante, la de los líderes y magisterios religiosos.

Es aquí donde se sitúa la importancia de la publicación de este libro. En medio de la disonancia de las múltiples voces que encontramos en los medios de comunicación y en el trabajo de los investigadores en sus propias áreas, Mario Arroyo comienza presentándonos los puntos más importantes del magisterio de la Iglesia Católica con respecto al desarrollo tecnológico en general; recordándonos o mostrándonos por primera vez (para quien no esté familiarizado con la doctrina católica) que desde esta perspectiva, Dios dotó al hombre de todas sus capacidades para que las usara y generara las herramientas que le ayudarían a facilitarse la vida en esta dimensión terrenal. En consecuencia, es importante resaltar que desde los principios católicos no hay una visión negativa hacia la tecnología, al contrario, siempre ha estado claro que es, más bien, una necesidad básica desarrollarla para, incluso, poder sobrevivir.

Sin embargo, una vez sentado lo anterior, es importante destacar que la tecnología no es "neutra" desde una perspectiva ética o moral, por lo que es muy importante tener muy claras las directrices que propone la Iglesia con respecto a lo que es dar un "buen uso" a estos desarrollos. En consecuencia, una sección importante del libro está destinada a explicitar cuáles son estas directrices con respecto a algunos de los avances tecnológicos más importantes de los últimos años.

Finalmente, el libro cierra con una sección en la que Mario Arroyo nos ofrece un diálogo con algunos de los pensadores más relevantes que han propuesto algunas líneas generales para tratar de dar sentido y orientación al desarrollo de la tecnología en el siglo XXI desde diversos ámbitos, tanto desde dentro de la Iglesia como fuera de ella.

El día de hoy la espectacularidad de algunos desarrollos tecnológicos nos obliga a replantearnos algunas de las grandes preguntas sobre nosotros mismos: ¿qué significa ser un ser humano en el siglo XXI?, ¿estamos llamados a "ser dioses" como plantea Harari, por ejemplo?, ¿dónde están los límites de lo que debemos y podemos hacer con nuestras herramientas tecnológicas?

Dada la complejidad y multiplicidad de desarrollos tecnológicos actuales corremos el riesgo de perdernos en medio de este caos deslumbrante y volvernos como Ícaro, creyendo que podremos llegar a tocar el Sol, solo para terminar con nuestras alas derretidas, en este caso, por nuestras propias creaciones; piénsese, por ejemplo, en los planteamientos transhumanistas que buscan trascender todos los límites de la naturaleza humana.

En este panorama es difícil encontrar un faro firme que nos recuerde cuáles deben ser los principios fundamentales que deben regir nuestra humanidad y a la luz de los cuales deben desarrollarse, interpretarse y limitarse nuestros avances tecnológicos. Sin duda, este libro puede jugar el papel de ese faro que, desde las perennes directrices del Magisterio de la Iglesia Católica, puede ofrecernos la luz que necesitamos para guiar nuestro camino en medio de este mundo confuso.

Así, esta es una obra de gran valor, tanto para el creyente, que busca encontrar qué es lo que su Iglesia le propone como guía para moverse en este cambiante mundo que cada día se "tecnologiza" de manera más acelerada; como para el no creyente que está interesado en conocer la posición de la Iglesia con respecto al vertiginoso desarrollo tecnológico que impera el día de hoy.

El momento presente nos exige, de manera urgente, a ser críticos con los desarrollos tecnológicos que la humanidad está generando en su conjunto. En este contexto, esta obra nos ofrece importantes elementos de reflexión que, tanto si se es creyente como si no, pueden contribuir a generar propuestas que favorezcan el encuentro del orden y el sentido en medio del caos.

Karen González Fernández

Universidad Panamericana, Ciudad de México.
Doctora en Filosofía por la UNAM
Coordinadora del Seminario "Lógica, epistemología y ética de la Inteligencia Artificial"

Enero de 2024.

La ciencia y la técnica están experimentando avances vertiginosos, exponenciales, inimaginables hace apenas unos pocos años. Esa realidad, en sí misma buena, positiva y esperanzadora, despierta, sin embargo, algunas inquietudes. En el fondo se trata de no quedarse rezagados, ya sea como personas, grupos poblacionales, países o franjas del saber. En efecto, el derecho va a la zaga de la ciencia y la tecnología, lo que suscita abundancia de vacíos legales y, con ello, la oportunidad de que los fuertes y mejor posicionados se aprovechen de los débiles.

La ética también se va quedando atrás, pues tiene una cantidad de interrogantes que nunca jamás se había planteado, y no necesariamente tiene siempre a la mano respuestas fáciles y prácticas; a veces se envara en auténticos dilemas morales irresolubles, causados por el avance de la tecnología. Y lo mismo le sucede a la teología, que corre el riesgo de quedarse en cierto sentido obsoleta y anticuada si no responde a las interrogantes que despierta el avance científico tecnológico en el hombre contemporáneo.

El presente texto busca ser un incipiente primer paso en la línea de poner al día el pensamiento teológico y ético —no el jurídico— con los avances contemporáneos de la ciencia y la tecnología. Se trata de hacer ver cómo la teología tiene algo que decir al respecto, en la vorágine del debate contemporáneo, en torno a esos dos saberes supremos que son la ciencia y la tecnología. Algunas personas podrán pensar que son conocimientos completamente divergentes, disímbolos; más incluso, algunos de plano rechazan la teología como forma de saber y someten a la ética a criterios pragmáticos y utilitaristas. Este texto intentará hacerles conscientes de su error, en la medida en que lo tengan de buena fe, con apertura a la verdad, y no estén atrincherados desde posiciones ideológicas que establecen por decreto lo que puede y lo que no ser verdad.

Capítulo 1

Fuentes teológicas

La teología funciona con dos fuentes o, mejor dicho, una fuente y un criterio de autenticidad. La fuente es compleja, pues en realidad es una expresada mediante la Sagrada Escritura y la Tradición:

> "La Sagrada Tradición y la Sagrada Escritura están íntimamente unidas y compenetradas. Porque surgiendo ambas de la misma divina fuente, se funden en cierto modo y tienden a un mismo fin. Ya que la Sagrada Escritura es la palabra de Dios en cuanto se consigna por escrito bajo la inspiración del Espíritu Santo, y la Sagrada Tradición transmite íntegramente a los sucesores de los Apóstoles la palabra de Dios, a ellos confiada por Cristo Señor y por el Espíritu Santo para que, con la luz del Espíritu de la verdad la guarden fielmente, la expongan y la difundan con su predicación; de donde se sigue que la Iglesia no deriva solamente de la Sagrada Escritura su certeza acerca de todas las verdades reveladas. Por eso se han de recibir y venerar ambas con un mismo espíritu de piedad. La Sagrada Tradición, pues, y la Sagrada Escritura constituyen un solo depósito sagrado de la palabra de Dios" (*Dei Verbum* 9-10).

El criterio de interpretación auténtica de la Palabra de Dios contenida en la Sagrada Escritura y en la Tradición es el Magisterio de la Iglesia:

"El oficio de interpretar auténticamente la palabra de Dios escrita o transmitida ha sido confiado únicamente al Magisterio vivo de la Iglesia, cuya autoridad se ejerce en el nombre de Jesucristo. Este Magisterio, evidentemente, no está sobre la palabra de Dios, sino que la sirve, enseñando solamente lo que le ha sido confiado, por mandato divino y con la asistencia del Espíritu Santo la oye con piedad, la guarda con exactitud y la expone con fidelidad, y de este único depósito de la fe saca todo lo que propone como verdad revelada por Dios que se ha de creer. Es evidente, por tanto, que la Sagrada Tradición, la Sagrada Escritura y el Magisterio de la Iglesia, según el designio sapientísimo de Dios, están entrelazados y unidos de tal forma que no tiene consistencia el uno sin el otro, y que, juntos, cada uno a su modo, bajo la acción del Espíritu Santo, contribuyen eficazmente a la salvación de las almas" (*Dei Verbum*, 10).

Por tanto, para hacer una *Teología de la Tecnología*, primero tenemos que hacer una búsqueda en sus fuentes, ver qué tienen que decir a los avances contemporáneos la Sagrada Escritura, la Tradición y el Magisterio de la Iglesia. Debido a la complejidad de los fenómenos actuales, tan diversos del mundo en el cual fue escrita la Biblia o se ha vivido la Tradición de la Iglesia, no resulta sencillo espigar los textos que nos sirvan de apoyo y como base de una *Teología de la Tecnología*. Sin embargo, siendo pocos los textos, son muy significativos y ricos en contenido y consecuencias para orientar la investigación científica contemporánea. Más, por lo que se verá en el desarrollo del texto, resultan en cierta medida imprescindibles, para conseguir que la ciencia y la técnica trabajen al servicio del hombre, y no sea el hombre quien se ponga al servicio de ellas.

Sagrada Escritura

Como se señalaba más arriba, no abundan los textos bíblicos que puedan arrojar alguna luz sobre el modo de gestionar la ciencia y la tecnología en la actualidad. Para hacerlo, aún sabiendo que se pueden encontrar más textos con una aproximación más cuidadosa al libro sagrado, nos centraremos en tres. Dos del *Génesis* y uno de san Pablo.

Génesis 2, 15: "Tomó, pues, Yahveh Dios al hombre y le dejó en el jardín de Edén, para que lo labrase y lo cuidase". Bastante escueta la referencia, pero rica en contenido, significación y consecuencias prácticas para nuestro mundo altamente tecnológico. Lo primero que hay que decir es que "el jardín de Edén" es imagen del mundo. La primera referencia al hombre, recién formado por Dios en el *Génesis*, nos indica que "así como las aves están hechas para volar, el hombre ha sido hecho para trabajar" (*Job* 5,7 vg). El ser humano está puesto en el mundo para cuidarlo y labrarlo ("trabajarlo", podríamos decir). La primera palabra de la Biblia respecto al tema que estamos tratando nos indica que las personas humanas debemos cuidar nuestro mundo y trabajarlo, labrarlo, e incluso perfeccionarlo, podríamos añadir. Y ahí es donde entran a tallar la ciencia y la tecnología, sin olvidar que su límite o "terreno de juego" viene delimitado por el deber de cuidar al mundo y, dentro del mundo, al ser humano.

Génesis 2, 15 nos vacuna frente a una interpretación unilateral y simplista del siguiente texto bíblico que trae en causa la relación del hombre con el mundo. En realidad –todo hay que decirlo– es un texto anterior en la edición final de la Biblia, pero posterior en su proceso cronológico de redacción. En efecto, el texto de Génesis 2, 15 corresponde a la tradición *Yahvista* de la Biblia, mientras que el de 1, 28-30 corresponde a la tradición *Elohísta*, más reciente cronológicamente:

> "Y los bendijo Dios, y les dijo Dios: «Sed fecundos y multiplicaos y henchid la tierra y sometedla; mandad en los peces del mar y en las aves de los cielos y en todo animal que serpea sobre la tierra». Dijo Dios: «Ved que os he dado toda hierba de semilla que existe sobre la faz

de toda la tierra, así como todo árbol que lleva fruto de semilla; para vosotros será de alimento. Y a todo animal terrestre, y a toda ave de los cielos y a toda sierpe de sobre la tierra, animada de vida, toda la hierba verde les doy de alimento». Y así fue" (*Génesis* 1, 28-30).

Los dos textos se complementan. Por un lado, Dios le dice al hombre claramente que es señor de la Tierra. Que la Tierra es medio y nosotros somos fin. Establece una clara diferencia entre las demás criaturas y nosotros, aunque también una cierta continuidad. Pero, según la lógica de los seis días de la creación –que no describo aquí para no extender demasiado el texto–, lo último en crearse fue el hombre. Al final del día sexto, donde creó al hombre, dice: "y vio Dios que era muy bueno" (*Génesis* 1, 31). En ese sentido, se puede afirmar bíblicamente que el hombre es la plenitud de la creación, y que la creación, en cierta forma, cobra significado con la persona humana. En efecto, sólo ella es consciente de la belleza y de la grandeza de todo lo creado.

Pero el texto de *Génesis* 2, 15 nos indica que no es un dominio despótico y, más que dueños, nos sugiere que somos administradores y encargados de llevar la Tierra a su plenitud. "Labrarla y cuidarla", que equivale a trabajarla y a desarrollarla, pero también cuidándola y administrándola racionalmente. Digamos que esta noción de "cuidado" matiza y suaviza la otra de sumisión: "sometedla". Y se entiende bien con un lugar teológico común, que forma parte de la doctrina de la Iglesia: la creación fue hecha en estado de vía, en camino hacia su perfección, su plenitud. Esa plenitud se alcanza también gracias al trabajo del hombre, por tanto, gracias al desarrollo de la ciencia y tecnología. Pero ambas, ciencia y tecnología, no deben olvidar su primer deber o límite: cuidar la Tierra y, dentro de ella, de manera especial, a la persona humana, plenitud de la creación.

Cabe hablar entonces de un antropocentrismo bíblico y, al mismo tiempo, de una función administradora y perfeccionadora

–nunca destructora– del mundo, por parte de la persona humana. El *Génesis* aparece así balanceado en su doctrina, gracias a estos dos textos que nos dan luz sobre nuestra vocación en el mundo, el llamado que hemos recibido de Dios para cuidarlo y trabajarlo y, haciéndolo, llevarlo a su plenitud gracias a la ciencia y a la tecnología, usadas con sabiduría y moderación.

Si no fuera así, si la naturaleza fuera estática e intocable, no cabría, por ejemplo, el oficio del médico, quien trabaja sobre una enfermedad "natural" para eliminarla. O del ingeniero, que optimiza los recursos de la naturaleza para que rindan más. Es cierto que cabe esa lectura restrictiva de la Escritura, enemiga del progreso y la tecnología –la lectura de los Amish y los Menonitas, que se quedaron atrapados en el siglo XVI–. Pero, por descontado, no es la lectura que de la Biblia hacen los católicos y la mayoría de las demás confesiones cristianas.

Por su parte, ya en el Nuevo Testamento, san Pablo hace como de pasada el siguiente comentario, que es muy valioso y útil para mirar con benevolencia, desde una perspectiva de fe, los avances de la ciencia y la tecnología:

"Por lo demás, hermanos, todo lo que hay de verdadero, de noble, de justo, de puro, de amable, de honorable, todo cuanto sea virtud y cosa digna de elogio, todo eso tenedlo en cuenta" (*Filipenses* 4,8).

Podríamos decir que este texto de san Pablo, entre otros muchos bíblicos, fundamenta la visión positiva, optimista y esperanzada del cristiano sobre la realidad que lo circunda. No equivale a ignorar la realidad del mal, del pecado, de lo feo, pero supone una mayor agudeza para desentrañar lo bueno. Y lo bueno en todo, en la naturaleza quizá, en primer lugar, pero también en las obras hechas por la mano del hombre. Es cierto que en no todo se puede percibir esa bondad, armonía y belleza: no se puede contemplar lo trascendente en una bomba atómica. Pero hay multitud de realidades en las que sí se puede.

No hay que ser ingenuos, sin embargo. La ciencia y la tecnología son ambivalentes, pueden usarse para bien o para mal; la energía nuclear puede utilizarse para hacer bombas o para curar el cáncer, el internet para unir familias y amigos, o ver pornografía. No existe lo que pudiéramos llamar la panacea. Desde una perspectiva religiosa, podemos contemplar con frecuencia en la historia, cómo el demonio se las arregla para corromper lo bueno hecho por el hombre, en su odio a la persona humana. Me viene a la memoria el caso del diagnóstico prenatal, desarrollado por el científico y Venerable Jérôme Lejeune con la intención de tener un diagnóstico temprano del Trisomía 21, con el objeto de intentar tratarlo a tiempo. Con el tiempo la tecnología por él perfeccionada se utilizó sí, para detectar el Síndrome de Down, pero no con el fin de tratarlo, sino con la finalidad de abortarlo. Y como ese ejemplo, muchos en la historia de la ciencia y la tecnología, donde realidades buenas en su inicio, se han corrompido con su mal uso después.

Pero esa triste realidad no debe volvernos pesimistas o desconfiados de los avances de la ciencia y tecnología. No podemos ser los eternos "cristianos de cuaresma sin resurrección", en expresión de Francisco, que en todo buscan el pecado, recelando de los avances de la ciencia y la tecnología. Ponen barreras y prohibiciones donde no las hay, viven su fe amargamente y quieren amargar a los demás: son los cristianos fundamentalistas o integristas, que se caracterizan por ser muy cerrados. No han sido capaces de contemplar al Verbo, Segunda Persona de la Santísima Trinidad, encarnado, hecho Hombre; perfecto Dios y perfecto Hombre. Y desde Él proyectar una visión positiva hacia todo lo humano, iluminado por la luz de Cristo; obviamente incluyendo a la ciencia y a la tecnología, realidades salidas de la mano del hombre gracias al "chispazo de la inteligencia divina" (san Josemaría)[1] comunicado por Dios a su criatura amada.

San Pablo nos recuerda que todo lo bueno y lo noble en realidad es cristiano, porque en Jesús se da la plenitud de la humanidad, recapitula en sí todo lo bueno humanamente hablando. Las cosas buenas, también las salidas de la mano del hombre, se convierten así en camino, consciente o inconscientemente, hacia Jesús, hacia el cristianismo y hacia la fe. Por eso el cristianismo puede incorporarlas, hacerlas suyas, servirse de ellas para sacar su fruto sobrenatural. De hecho, lo ha realizado así a lo largo de la historia, a través del proceso de inculturación de la fe, haciendo una criba, al fundirse con cada cultura en particular, de sus elementos buenos y eliminando sus facetas negativas. Lo mismo puede y debe hacer ahora con la cultura tecnológica en la que vivimos, que indudablemente tiene sus elementos positivos y negativos.

San Pablo nos invita a apropiarnos de lo bueno –tomarlo en cuenta– y a ordenarlo y dirigirlo hacia su fin último, que es la gloria de Dios. Y, como diría san Ireneo, "la gloria de Dios es el hombre viviente"[2]; es decir, la perfección de la criatura humana, perfección a la que ayudan tanto la ciencia como la tecnología, da gloria a Dios. Así, por ejemplo, da gloria a Dios que un hombre que perdió una pierna en un accidente la recupere como *cyborg*, o que un mensaje positivo se pueda enviar de modo inmediato prácticamente a todo el mundo, o que la inteligencia artificial ayude a resolver problemas humanos, dando diagnósticos médicos precisos, por ejemplo. Todo ello, por bueno, puede recibir el sello de cristiano, según el pensamiento de san Pablo, expresado en la *Epístola a los Filipenses*.

---

1. Cfr. https://www.escrivaobras.org/secc/1-34.htm Revisado el 6-V-2023.
2. Ireneo de Lyon, *Adversus Haereses*, IV, 20, 7.

La voz de los santos

Los textos y la predicación de los santos constituyen un "lugar teológico" (en expresión de Melchor Cano), es decir, un lugar en el que encontramos a Dios o nos habla de Dios. Por eso, atendiendo a sus enseñanzas, también podemos recibir alguna luz y encajar de alguna forma el avance científico-tecnológico en la Teología.

Esta sección será particularmente breve. Me serviré solamente de dos santos, uno antiguo y otro contemporáneo: san Agustín y san Josemaría Escrivá, los cuales tienen textos de palpitante actualidad en el tema que nos concierne. Transcribo, a continuación, una extensa cita de san Agustín, que aborda agudamente nuestro tema y pone el énfasis en no ir más allá de lo escrito, es decir, no pontificar desde la fe en materia científica:

"Sucede de hecho, muchas veces, que un no cristiano tenga conocimiento o bien por una razón evidente, o bien por experiencia personal sobre la tierra, el cielo, u otros elementos de este mundo, o sobre el movimiento, la revolución o también el tamaño y la distancia de los astros, o sobre los eclipses del sol y de la luna, sobre el ciclo de los años y de las estaciones, sobre la naturaleza de los animales, de las plantas, de las piedras, y todas las cosas de este género. Sería una cosa vergonzosa, dañina y necesaria de evitarse a cualquier precio, si aquel escuchase a un creyente decir cosas absurdas sobre aquellos argumentos como si fueran las propias Escrituras (…) Cuando han encontrado a un cristiano sostener su propio error en nuestros Libros Sagrados, en aquello que conocen perfectamente, ¿cómo tendrán fe en estos Libros cuando lean sobre la resurrección de los muertos, sobre la esperanza de la vida eterna y sobre el reino de los cielos, desde el momento que juzguen que estos libros contengan errores relativos a cosas que han podido conocer ya por propia experiencia o mediante cálculos matemáticos seguros"[3].

3. San Agustín, *Interpretación literal del Génesis*, EUNSA, Pamplona 2006, pp. 52-53.

Digamos que, si el grupo de teólogos que tuvo en sus manos el dossier de Galileo en el siglo XVII, hubiera conocido este texto, se lo hubiera pensado dos veces antes de condenar las doctrinas de tan insigne científico. Lo que reconoce implícitamente san Agustín, en la más pura fuente católica, es la legítima autonomía de las realidades temporales –no sólo la política, también la ciencia y la tecnología– respecto de la fe. Es decir, para no dar lugar a equívocos, que no se deben sacar conclusiones científicas de las Sagradas Escrituras porque, como afirma Galileo: "La Biblia nos dice cómo llegar al Cielo, no cómo es el cielo". La palabra "cielo", en el texto galileano, tiene dos sentidos disímbolos: uno espiritual y otro material.

Para el tema que nos concierne, la advertencia de Agustín es clara: "no pongas rejas al campo", no pongas límites a la investigación científica basados en una interpretación literalista (permítaseme el neologismo: exceso en la interpretación literal) de la Biblia. Eso no quiere decir, sin embargo, que la investigación científica goce de una autonomía respecto del saber ético; de ese privilegio no gozan ni las artes, puesto que, en su calidad de obra humana, puede ser tasada según el criterio de buena o mala. Así, si uso la ciencia para torturar a las personas hasta el límite, sin que mueran, estoy haciendo un mal uso de la ciencia. Tampoco significa que los avances científicos sean totalmente ajenos al plano de la fe, pues, como veremos más adelante, no escapan a la providencia ordinaria de Dios, por el contrario, Dios cuenta con ellos en el desarrollo de su plan de salvación y en su encargo de llevar al mundo a su perfección; ni que a partir de ellos podamos, de alguna forma, mediante una exégesis particular de los mismos, llegar a Dios, como lo hizo el eminente científico Francis Collins o el filósofo ex-ateo Antony Flew.

Lo que dice Agustín entonces está bien acotado: no apoyar los errores científicos en la Sagrada Escritura. Comprender que son dos tipos de conocimientos diferentes, autónomos, pero complementarios.

El segundo santo, contemporáneo, figura señera del siglo XX en el universo espiritual de la Iglesia, es san Josemaría Escrivá, quien tuvo siempre alma de universitario e impulsó la creación de varias universidades y escuelas de negocios alrededor del mundo. Tiene dos textos –entre otros– de particular relevancia. Uno práctico, fruto de su experiencia espiritual como director de almas, y otro más profundo, de cariz teológica, que citamos a continuación:

"Para ti, que deseas formarte una mentalidad católica, universal, transcribo algunas características: amplitud de horizontes, y una profundización enérgica, en lo permanentemente vivo de la ortodoxia católica; afán recto y sano –nunca frivolidad– de renovar las doctrinas típicas del pensamiento tradicional, en la filosofía y en la interpretación de la historia…; una cuidadosa atención a las orientaciones de la ciencia y del pensamiento contemporáneos; y una actitud positiva y abierta, ante la transformación actual de las estructuras sociales y de las formas de vida" (*Surco*, 428).

Este sería el primer texto, práctico, fruto de su labor como director de almas. Podríamos decir que es un texto "católico" en el sentido de "universal". Es decir, abre horizontes ofreciendo una visión positiva de la realidad y, particularmente, de la ciencia y de la tecnología. Un cristiano cabal no puede ser ajeno a esos campos del conocimiento, si quiere tener una mentalidad universal, "católica".

El segundo texto va a la raíz teológica de la cuestión. Parecería que nada tiene que ver con los avances de la ciencia y la tecnología, pero en realidad los engloba, considerándolos desde la perspectiva del hecho central de la historia: "La encarnación del Verbo":

"En rigor, no se puede decir que haya nobles realidades exclusivamente profanas, una vez que el Verbo se ha dignado asumir una naturaleza humana íntegra y consagrar la tierra con su presencia y con el trabajo de sus manos" (*Es Cristo que pasa*, 120).

Pudiera parecer que la doctrina de san Josemaría entra en colisión con la de san Agustín. Todo lo contrario, en realidad son complementarias. Ambos admiten la legítima autonomía de las realidades naturales: es decir, que no debo hacer política, ni ciencia, ni economía, con la Biblia, porque la Sagrada Escritura es un libro religioso, escrito para nuestra salvación, para la vida eterna, no para resolver los problemas cotidianos de nuestra existencia, ni las dificultades que afronta el mundo. Para eso Dios nos dio la inteligencia para pensar y las manos para trabajar. En esta perspectiva coinciden ambos autores y la tradición bimilenaria de la Iglesia, cuajada, como veremos más adelante, en el *Catecismo de la Iglesia Católica*.

Sin embargo, san Josemaría toca una vena muy profunda, fruto de su contemplación particular del misterio del Verbo encarnado. Una vez que el Verbo se ha hecho Hombre y ha caminado y trabajado entre nosotros, ha convertido en cierto sentido en divinas todas las realidades humanas nobles —no el pecado, la corrupción, la guerra—. Por eso podrá afirmar el Concilio Vaticano II: "Cristo… manifiesta plenamente el hombre al propio hombre y le descubre la sublimidad de su vocación" (*Gaudium et Spes*, 22). Por eso, san Josemaría podrá exclamar con frecuencia, como una conclusión obvia de la premisa arriba enunciada, que "se han abierto los caminos divinos de la tierra". Se han abierto porque primero Cristo los ha recorrido y los ha dotado de un valor salvífico, trascendente.

En consecuencia, la ciencia y la técnica, al ser unos de los frutos más valiosos de la inteligencia humana, también están divinizadas, y no porque Jesús fuese científico, sino porque trabajó con sus manos haciendo el bien. También la ciencia y la técnica, cuando se realizan con sentido humano –que en su más profunda significación es cristiano, a tenor del texto de la *Gaudium et Spes* apenas citado–, son trabajo y contribuyen al bien de la humanidad. Es decir, están asumidas y elevadas por Jesús, teniendo así un valor cuasi-sacramental, en cuanto epifanía o manifestación de la vocación del hombre en el mundo, otorgada por el mismo Dios.

La ciencia y la técnica implícitamente me hablan de Dios y el cristiano, tiene el deber, otorgado por Dios, de ordenarlas al mismo Dios, de ser consciente de que forman, misteriosamente, parte del plan salvífico divino. Ahora bien, la ciencia y la técnica se hacen según sus propias reglas –que son las de la naturaleza, creada por Dios– a tenor de lo dicho por san Agustín; es decir, no se realizan a base de Padres Nuestros ni Aves Marías, sino con el conocimiento profundo de la realidad, creada por Dios.

Por eso, aunque son autónomas, según san Agustín, no son profanas, a tenor de san Josemaría. ¿Qué quiere decir esto? Que gozan de sus propias reglas y su propia racionalidad, ajena a la teología, pero que están ordenadas a un plano superior, salvífico, gracias a la Encarnación del Verbo. Pueden ser asumidas y elevadas al orden sobrenatural a través del trabajo humano que suponen, ofrecido a Dios. No son profanas, porque en cierta forma, un tanto escondida o implícita, me hablan de Dios, y le toca a la persona humana, al científico cristiano, descifrar ese lenguaje divino escondido en la propia obra de sus manos. Como diría también san Josemaría:

"Por eso el hombre no debe limitarse a hacer cosas, a construir objetos. El trabajo nace del amor, manifiesta el amor, se ordena al amor. Reconocemos a Dios no sólo en el espectáculo de la naturaleza, sino también en la experiencia de nuestra propia labor, de nuestro esfuerzo. El trabajo es así oración, acción de gracias, porque nos sabemos colocados por Dios en la tierra, amados por Él, herederos de sus promesas" (*Es Cristo que pasa*, 48).

Vale la pena profundizar un poco en este aserto, de la mano del mismo santo contemporáneo. Escrivá explicaba que "la vocación humana es una parte, y una parte importante, de nuestra vocación divina" (*Carta* 15-X-1948, n. 6; vid. *Es Cristo que pasa*, n. 46 y *Amigos de Dios*, n. 60). La aplicación a los científicos es obvia: según el santo, su vocación de científicos es parte del llamado de Dios a realizar una tarea en el mundo. No sólo no hay contradicción entre ambas realidades, sino armonía, pues forman parte del designio de Dios, del plan de Dios en la historia; de alguna forma, quizá inconsciente, los científicos son sus instrumentos. Por eso el cristiano ve con respeto a los científicos y tiene una perspectiva positiva sobre la ciencia. Forma parte del encargo que Dios nos ha dado de transformar el mundo, cuidarlo y perfeccionarlo. Quizá con el científico se nota de manera más viva que somos colaboradores de Dios para llevar la creación a su plenitud.

La voz de la liturgia

La sagrada liturgia es también un testigo privilegiado de la Tradición de la Iglesia, así como una de sus fuentes. Constituye, sin lugar a dudas, un lugar teológico en el que se puede descubrir gran parte de la riqueza espiritual de la Iglesia, así como su mensaje perenne, que impacta al hombre a través de los tiempos, también los actuales, altamente desarrollados tecnológicamente.

Puede parecer provocativo: ¿qué tienen que ver algo tan profundamente espiritual, como es la liturgia, con algo tan material, como lo es la tecnología? Nuevamente, la raigambre de esta curiosa relación estriba en la Teología de la Creación, la cual deja su impronta en la liturgia y sirve de guía para una comprensión teológica del devenir científico-tecnológico. Nos serviremos de dos fuentes litúrgicas para desarrollar esta relación: el Prefacio V para los Domingos del Tiempo Ordinario y la plegaria eucarística IV con su prefacio[4]. Ambos textos desarrollan lo que podríamos denominar una "espiritualidad de la creación", pero en sentido amplio, es decir, contando con la cooperación del hombre en el proceso creativo, de forma que la ciencia y la tecnología embonan naturalmente en ese planteamiento.

Comencemos por el Prefacio V de los Domingos del Tiempo Ordinario. Ahí se dice, casi parafraseando al Génesis:

> "Porque creaste el universo y todo cuanto contiene; determinaste el ciclo de las estaciones; pero formaste al hombre a tu imagen y semejanza: y lo hiciste dueño de un mundo portentoso, para que en tu nombre dominara la creación entera y, al contemplar la grandeza de tus obras, en todo momento te alabara".

La parte más atinente al tema que nos convoca es cuando afirma la oración litúrgica: "para que en tu nombre dominara la creación entera". En esa breve frase puede justificarse teológicamente el desarrollo de la ciencia y la tecnología, otorgándole un sentido y una finalidad: dominar la creación –a través de la ciencia y la tecnología– en nombre de Dios. El desarrollo tecnológico de la persona humana puede convertirse a la vez en alabanza a Dios, si se hace, por decirlo así, en sintonía de voluntades: la de Dios y la nuestra; completando así una creación que el Señor mismo quiso dejar en "estado de vía", para que nosotros la perfeccionáramos y con nuestro trabajo, la fuéramos conduciendo progresivamente hacia su plenitud.

Por su parte, el Prefacio de la plegaria eucarística IV, fuertemente imbuido de la Teología de la Creación, afirma:

4. Cfr. Misal Romano, Conferencia del Episcopado Mexicano, Edición Típica para México según la Tercera Edición Típica Latina, Ciudad de México, 2ª edición, 2014.

"Porque tú sólo eres bueno y la fuente de la vida, hiciste todas las cosas para colmarlas de tus bendiciones y alegrar su multitud con la claridad de tu gloria. —Se observa aquí plenamente una visión tremendamente positiva de la realidad creada, de las cosas materiales— Por eso, innumerables ángeles en tu presencia, contemplando la gloria de tu rostro, te sirven siempre y te glorifican sin cesar. Y con ellos también nosotros, llenos de alegría, y por nuestra voz las demás creaturas aclamamos tu nombre cantando…"

En los otros prefacios litúrgicos es lugar común afirmar que nosotros nos unimos a los ángeles en el cielo y a todo el coro del ejército celestial, así como a todos los santos, en el eterno canto de alabanza que dirigen los bienaventurados a Dios. La liturgia es así como una ventana, a través de la cual nos unimos al Cielo y su adoración a Dios. Pero este prefacio tiene la originalidad de afirmar que: "y por nuestra voz las demás creaturas, aclamamos tu nombre cantando…". Nos presenta así como portavoces de la creación entera —la creación material, no la angelical—, en la alabanza a Dios. Nosotros, de manera libre y consciente, dirigimos a Dios un cántico de alabanza, mientras unimos a nuestra voz la de "las demás creaturas", de forma que ellas también profieren, silenciosamente, un cántico de adoración y alabanza a Dios. Le dan gloria como a través de nosotros, especialmente de nuestro trabajo.

Toda la plegaria eucarística IV está cuajada de afirmaciones propias de la Teología de la Creación, así como de la constante presencia del Espíritu Santo en el motor de la adoración a Dios, así como en la guía de la Historia de la Salvación, en la cual nosotros somos insertados, de modo particular a través de nuestro trabajo, como colaboradores de Dios.

"Te alabamos, Padre santo, porque eres grande y porque hiciste todas las cosas con sabiduría y amor —nuevamente una visión positiva de todo lo creado—. A imagen tuya creaste al hombre y le encomendaste el universo entero, para que, sirviéndote sólo a ti, su Creador, dominara todo lo creado".

Aquí se menciona, sin embargo, un punto delicado, que podríamos denominar "la rectitud de intención". Premisa para darle gloria a Dios a través de nuestro trabajo es que éste tenga una finalidad precisa: servir a Dios. Llevar el mundo hacia Dios, dominando todo lo creado por medio de nuestro trabajo. Es a lo que nos invita el inicio de esta plegaria eucarística. Pero el punto delicado es ese: hacer las cosas por Dios; ser conscientes de que al realizar nuestra labor ordinaria estamos siendo instrumentos de Dios. Tener la intención de realizar nuestro trabajo por amor a Dios y para servirlo. Que sea Él la finalidad de nuestras obras —incluidas la ciencia y la tecnología— y no nosotros.

La oración litúrgica lo expresa con mucha facilidad, casi como de paso, sin "darse cuenta". Pero llevarlo a la práctica constituye un desafío para la humanidad redimida y para cada hombre en particular que se lo propone. Yo mismo, a la hora de redactar estas letras, tengo que hacer el esfuerzo consciente de hacerlo por y para Dios. La tentación del *Génesis* 3, 5 sigue plenamente vigente: "seréis como dioses". Corremos el riesgo, de hecho es lo más fácil y, tristemente, lo más común, de hacer las cosas no por Dios y para Dios, sino por y para nosotros mismos. De esta forma dominamos todo lo creado, pero para construirnos un pedestal a nosotros mismos, para erigirnos en centro, fin y sentido de la creación. Se vuelve a cumplir la aguda percepción de san Agustín en "La ciudad de Dios": "Dos amores fundaron dos ciudades: el amor propio hasta el desprecio de Dios, la terrenal, y al amor de Dios hasta el desprecio de sí mismo, la celestial".

De hecho, la fisonomía que adquiere el avance tecnológico en la actualidad va muchas veces en esa línea: la de enceguecernos de tal forma que, merced a la ciencia y a la tecnología, ya no necesitamos de Dios, nos redimimos a nosotros mismos y relegamos a Dios como una superstición de un mundo superado. En palabras de Nietzsche, "lo hemos matado". Progreso desplaza así a providencia, y se configura en la forma cómo, sirviendo solamente a sí mismo, el hombre viene a ocupar el lugar de Dios en la creación, a través de su dominio. Esta realidad queda bastantemente bien explicada en "Homo Deus" de Yuval Noah Harari. La ciencia y la tecnología pierden así el norte, indicado en la plegaria eucarística, para engañarnos y hacernos sentir "como dioses".

Poco más adelante, en la plegaria eucarística, se reza lo siguiente, que viene a ser como el remedio a la enfermedad del individualismo y del orgullo que lleva a idolatrarnos a nosotros mismos:

> "Y porque no vivamos ya para nosotros mismos, sino para él, que por nosotros murió y resucitó, envió, Padre, al Espíritu Santo como primicia para los creyentes, a fin de santificar todas las cosas, llevando a su plenitud su obra en el mundo".

A primera vista pareciera ser que nada tiene que ver con el tema que nos convoca, pero una mirada más atenta nos muestra que no es así. Jesucristo envía al Espíritu Santo para "santificar todas las cosas —se refiere al mundo y a todo lo humano, es decir, incluye a la ciencia y a la tecnología, como realidades santificables—, llevando a su plenitud su obra en el mundo". Se puede sacar una consecuencia teológica al respecto: llevar "a su plenitud su obra —la de Dios— en el mundo" supone santificar todo lo humano, ciencia y tecnología incluidas. Parte de la labor del Espíritu Santo en su obra de santificación y transformación del mundo consiste en elevar la ciencia y la tecnología, frutos del espíritu humano que transforman la creación, a su dimensión trascendente y sobrenatural. Convertirlas en instrumento de Dios para ir llevando su creación hacia la plenitud, cumpliendo así el hombre uno de sus encargos fundamentales en esta vida, dado por el mismo Dios al hombre en el *Génesis*, es decir, en los albores de la revelación.

Por último, ya casi al finalizar la plegaria eucarística, se vuelve a recordar que la creación tiene "vocación de eternidad", y que su sentido es dar gloria a Dios. Con nuestro trabajo ofrecido a Dios, y todo lo que hacemos, hecho por y para Dios, adelantamos de alguna forma misteriosa, ese majestuoso momento final, donde "Dios será todo en todos" (1 *Corintios*, 15, 28):

> "… y allí, junto con toda la creación, libre ya del pecado y de la muerte, te glorifiquemos por Cristo, Señor nuestro, por quien concedes al mundo todos los bienes".

Como se puede observar, también la oración de la Iglesia, la liturgia, es decir, la oración que el Cristo Total dirige solemnemente al Padre en el Espíritu Santo, puede ofrecernos claves valiosas sobre la creación, el trabajo, la transformación del mundo y, derivadamente, de la ciencia y la tecnología. Al hacerlo muestra, muy a las claras, cómo ellas –la ciencia y la tecnología– tienen un lugar en el plan de Dios y un objetivo trascendente que las llena de sentido sobrenatural, además del natural que ya tienen por sí mismas, de humanizar al mundo y mejorar la calidad de vida de la persona humana.

La voz del Magisterio

¿Qué ha dicho oficialmente la Iglesia a propósito de la relación entre fe, ciencia y tecnología? Es, sin lugar a dudas, una fuente imprescindible para, a partir de ahí, hacer teología. Dividiremos nuestro análisis en cuatro partes: Concilio Vaticano II, Catecismo de la Iglesia Católica, Encíclicas de Francisco y Algor-ética de Francisco. Con esos cuatro puntos de apoyo, podemos tener una sólida base para asentar lo que la Iglesia dice hoy sobre la temática que nos ocupa.

Concilio Vaticano II

Del riquísimo magisterio del Concilio, nos centraremos en un documento particular: la *Constitución Pastoral Gaudium et Spes sobre la Iglesia y el mundo actual*. Este valioso documento sintetiza lo que la Iglesia quiere decirle al mundo de hoy, inicia, por así decir, un diálogo entre la Iglesia y el mundo contemporáneo. Como la ciencia y la tecnología forman parte de ese mundo, le interesan a la *Gaudium el Spes* y a ellas se dirige, con ellas busca comenzar un coloquio fecundo.

De hecho, así comienza el documento:

"Los gozos y las esperanzas, las tristezas y las angustias de los hombres de nuestro tiempo, sobre todo de los pobres y de cuantos sufren, son a la vez gozos y esperanzas, tristezas y angustias de los discípulos de Cristo. Nada hay verdaderamente humano que no encuentre eco en su corazón (G.S. 1)".

Digamos que el texto dibuja una imagen de la Iglesia semejante a la Plaza de San Pedro, con los brazos abiertos, dispuesta a acoger a la humanidad entera. Subrayaré algunas expresiones que me parecen particularmente pertinentes. Primero la palabra "esperanzas". ¡Qué duda cabe que la humanidad hoy tiene grandes esperanzas puestas en el avance científico-tecnológico! La Iglesia las hace suyas, pero las modera. Es decir, puede haber un "exceso de esperanza" puesto en la ciencia, de forma que prometa más allá de lo que puede dar. Sería el caso del clásico tema de la "autorredención" del hombre merced a la ciencia y la tecnología. El hipotético escenario en donde la utopía se hace realidad; la vida eterna o la vida venidera se difumina del horizonte existencial humano, diluido por la promesa de una felicidad permanente gracias a la ciencia, felicidad que incluye la promesa de una vida sin fin. Se trataría de la "singularidad", del momento en el cual la muerte y con ella la enfermedad, sean vencidas para siempre del horizonte humano. Algunos optimismos exacerbados, que proceden de una aproximación ideológica al campo científico lo prometen actualmente, incluso señalan que está próximo, y los más avezados ofrecen incluso una fecha tentativa para tal cambio epocal, por ejemplo, Ray Kurzweil la sitúa en torno al 2045[5].

Esta autorredención del hombre presenta una dificultad teológica de fondo: nos sobra Dios, no lo necesitamos, somos totalmente autónomos, creadores de nuestro propio futuro. Tal perspectiva, además de utópica e idealista, no es cristiana. Fácilmente se puede ver su carácter falaz, porque, aún suponiendo que el hombre llegue a la cúspide de la civilización y del avance tecnológico, aunque consiga la inmortalidad, ello no le va a descifrar el sentido de su vida y, más que una bendición, sería una maldición. El tema será tratado por autores como Hans Jonas, que veremos más adelante. Teológica y físicamente, además, presenta dificultades insuperables: el universo no está hecho para durar para siempre y la vida del hombre tampoco. Desde la fe, la plenitud de la vida del hombre se alcanza precisamente en esa "otra vida" después de la muerte. Nuestra finitud y la precariedad del universo nos persiguen, de tal forma que no podemos poner en ellos, sino en Dios, nuestra última esperanza.

Pero una esperanza moderada en la ciencia, claramente encuentra un lugar en el seno del cristianismo. Una esperanza compartida por la inmensa mayoría de la humanidad y que, aunque

5. KURZWEIL, Raymond, *La Singularidad está cerca*, Lola Books, 2015.

incluye un aumento en la esperanza de vida y un progresivo dominio de las enfermedades, sabe que esa batalla se estará librando continuamente, sin llegar a la "victoria definitiva". La reciente pandemia del COVID-19 nos ha dado una buena prueba de ello, a su vez la ciencia nos ha ayudado a contener sus efectos devastadores. Pero es en esa línea, y no en la utopía, donde las personas humanas en general tienen confianza en la ciencia. La Iglesia acoge y hace suyas esas esperanzas de una mejor vida gracias al progreso. Pero también es consciente que el progreso no es una ley necesaria, que cabe una involución y, sobre todo, un desajuste entre progreso científico y progreso moral, que puede ser nocivo, cuando no letal, para la humanidad.

El final de la cita de la *Gaudium et Spes* 1 es también sugerente: "Nada hay verdaderamente humano que no encuentre eco en su corazón". ¿Y qué realidad más humana que la ciencia? ¡Es nuestra creación!, nuestro modo de comprender y perfeccionar al mundo. Por eso la ciencia y los avances tecnológicos tienen un lugar en el corazón de la Iglesia, porque son hijas de la persona humana. En definitiva, la actitud de la Iglesia no es recelosa, sino positiva respecto al avance científico-tecnológico. El mito de la oposición entre ciencia y fe es de reciente factura, tiene origen en la ilustración, y surge de un equívoco: pensar que la ciencia y la fe compiten por dar respuesta a las mismas preguntas, cuando en realidad no es así, cada uno de esos saberes responde a preguntas diferentes, importantes y complementarias. Así, la ciencia me puede decir de qué está hecho el hombre –y no la religión–, pero la fe me dice, para qué está hecho el hombre –y no la ciencia–. Dicho mal y pronto, la ciencia responde a la causalidad material y eficiente, la fe a la formal y a la final, según la taxonomía aristotélica.

El punto cuarto de la *Gaudium et Spes* es extenso, pero apenas necesita comentario, pues resulta bastante claro:

"Para cumplir esta misión es deber permanente de la Iglesia escrutar a fondo los signos de la época e interpretarlos a la luz del Evangelio, de forma que, acomodándose a cada generación, pueda la Iglesia responder a los perennes interrogantes de la humanidad sobre el sentido de la vida presente y de la vida futura y sobre la mutua relación de ambas. Es necesario por ello conocer y comprender el mundo en que vivimos, sus esperanzas, sus aspiraciones y el sesgo dramático que con frecuencia le caracteriza. He aquí algunos rasgos fundamentales del mundo moderno.

El género humano se halla en un período nuevo de su historia, caracterizado por cambios profundos y acelerados, que progresivamente se extienden al universo entero. Los provoca el hombre con su inteligencia y su dinamismo creador; pero recaen luego sobre el hombre, sobre sus juicios y deseos individuales y colectivos, sobre sus modos de pensar y sobre su comportamiento para con las realidades y los hombres con quienes convive. Tan es así esto, que se puede ya hablar de una verdadera metamorfosis social y cultural, que redunda también en la vida religiosa.

Como ocurre en toda crisis de crecimiento, esta transformación trae consigo no leves dificultades. Así mientras el hombre amplía extraordinariamente su poder, no siempre consigue someterlo a su servicio. Quiere conocer con profundidad creciente su intimidad espiritual y con frecuencia se siente más incierto que nunca de sí mismo. Descubre paulatinamente las leyes de la vida social, y duda sobre la orientación que a ésta se debe dar.

Jamás el género humano tuvo a su disposición tantas riquezas, tantas posibilidades, tanto poder económico. Y, sin embargo, una gran parte de la humanidad sufre hambre y miseria y son muchedumbre los que no saben leer ni escribir. Nunca ha tenido el hombre un sentido tan agudo de su libertad, y entretanto surgen nuevas formas de esclavitud social y psicológica. Mientras el mundo siente con tanta viveza su propia unidad y la mutua interdependencia en ineludible solidaridad, se ve, sin embargo, gravísimamente dividido por la presencia de fuerzas contrapuestas. Persisten, en efecto, todavía agudas tensiones políticas, sociales, económicas, raciales e ideológicas, y ni siquiera falta el peligro de una guerra que amenaza con destruirlo todo. Se aumenta la comunicación de las ideas; sin embargo, aun las palabras definidoras de los conceptos más fundamentales revisten sentidos harto diversos en las distintas ideologías. Por último, se busca con insistencia un orden temporal más perfecto, sin que avance paralelamente el mejoramiento de los espíritus.

Afectados por tan compleja situación, muchos de nuestros contemporáneos difícilmente llegan a conocer los valores permanentes y a compaginarlos con exactitud al mismo tiempo con los nuevos descubrimientos. La inquietud los atormenta, y se preguntan, entre angustias y esperanzas, sobre la actual evolución del mundo. El curso de la historia presente en un desafío al hombre que le obliga a responder".

Este texto de la *Gaudium et Spes* casi podríamos calificarlo de profético, pues publicado en 1965, goza de una palpitante actualidad. Ofrece unas claves importantes para el hombre de fe, por ejemplo, la necesidad de "conocer y comprender el mundo en que vivimos". Es decir, el lugar del cristiano es en medio del mundo. Estar en el mundo sin ser mundanos, es el gran desafío de nuestra fe cuando se hace vida. Respecto al tema que nos concierne en este ensayo, ese estar en el mundo puede entenderse como la importancia de estar al día en los avances científico-tecnológicos.

En consonancia con los "transhumanistas" el Vaticano II reconoce que nos encontramos en un nuevo periodo de la historia caracterizado por los cambios profundos y acelerados. Si esto se afirmaba en 1965, ¡qué no se podría decir ahora, en la tercera década del siglo XXI! Cambios que, como afirmaría el propio Kurzweil, "progresivamente se extienden al universo entero". Las sondas enviadas a Marte, o a examinar los distintos planetas del sistema solar, no nos dejarán mentir. Pero en 1965, eran solo un sueño propio de la ciencia ficción.

Esos cambios "los provoca el hombre con su inteligencia y su dinamismo creador". Pero —y ese es el nervio del texto— esos cambios son ambivalentes: se pueden utilizar para el bien o para el mal. Por eso "mientras el hombre amplía extraordinariamente su poder, no siempre consigue someterlo a su servicio". Es decir, el avance técnico va por encima de la sabiduría humana. Tenemos muchos conocimientos y potencialidades, pero no siempre la capacidad de usarlos sabiamente, con prudencia.

Podríamos decir, comprobando así que no lo podemos esperar todo de la ciencia y la tecnología, pues hace falta que sean complementadas con otro tipo de saberes, también humanos, que "persisten, en efecto, todavía agudas tensiones políticas, sociales, económicas, raciales e ideológicas". Es decir, la ciencia y la tecnología no superan, como por decreto, los problemas políticos y morales de la sociedad. Estos persisten a pesar de los avances tecnológicos; si acaso se vuelven más delicados, por ejemplo, pensemos en lo que pasaría si un grupo terrorista se hiciera con armamento atómico.

Otra "profecía" de *Gaudium et Spes* 4, señala, como lo estamos viviendo ahora, cómo "las palabras definidoras de los conceptos más fundamentales revisten sentidos harto diversos". Vivimos en el seno de una auténtica guerra cultural y las tecnologías muchas veces contribuyen a agudizarla. No hay que ir muy lejos, hay que pensar en lo cotidiano, por ejemplo, cómo las discusiones en *Twitter* (hoy X) con frecuencia adquieren un cariz agresivo y cerrado al diálogo. Lo que fue diseñado para comunicar y de esa forma unir, por el uso que le da el hombre, divide.

Por eso, muchos de nuestros contemporáneos "se preguntan, entre angustias y esperanzas, sobre la actual evolución del mundo". Es decir, la evolución positiva, el progreso lineal –ideal de la ilustración hecho pedazos por las dos guerras mundiales–, el desarrollo de las ciencias y tecnologías, no garantizan su buen uso. Lo estamos viendo, por ejemplo, en estados policiales como China, que ejercen un férreo control sobre sus ciudadanos y los despojan de su privacidad o, por el contrario, por el uso bélico y militar de los drones. El avance científico tecnológico genera entonces, al mismo tiempo "angustias y esperanzas". La clave está en que no se absolutice, convirtiéndose en un ídolo, impermeable a otros saberes, sino que se deje enriquecer y fecundar por otras formas de sabiduría humana y por las riquezas de la fe, las cuales le recuerdan su carácter de medio al servicio del hombre, y no de fin en sí mismo.

Gaudium et Spes n. 4 es certero en su diagnóstico: "Se busca con insistencia un orden temporal más perfecto, sin que avance paralelamente el mejoramiento de los espíritus". El problema, entrevisto a mediados de los años sesenta del pasado siglo, es hoy una dolorosa realidad. El desarrollo técnico no se ha vinculado a un crecimiento ético y espiritual del hombre; por eso las máquinas amenazan, ya ahora, con dominar a la persona humana. Y desde la época del Concilio, en plena "Guerra Fría", las bombas amenazaban con destruir el orbe. Nuestro poder destructor no está acompasado con nuestra sabiduría moral, y ello es quizá uno de los problemas más agudos y profundos de nuestro tiempo.

El progreso entonces, según el Concilio Vaticano II, produce al mismo tiempo, en el ánimo humano, "angustias y esperanzas". De nosotros depende conjurar las "angustias" y promover la "esperanza". Precisamente ahí se nota que no podemos "autorredimirnos", que nosotros no somos, en el fondo, creadores de esperanzas, sino receptores de la gran esperanza que sólo Dios puede dar. Los textos del Concilio, valorando los aspectos positivos del desarrollo, buscan despertarnos también, del sueño demiúrgico en el que estamos metidos, cegados muchas veces por los deslumbrantes avances de la ciencia.

Un poco más adelante, la *Gaudium et Spes* vuelve a abordar el tema de la ciencia y la técnica: La Iglesia reconoce que el hombre "gracias a la ciencia y a la técnica ha ampliado y continuamente amplía su dominio sobre casi toda la naturaleza", de manera que "muchos bienes que esperaba antes principalmente de fuerzas superiores, hoy se los obtiene ya con su propia habilidad" (*G.S.* 33).

Es un reconocimiento sincero del cumplimiento de las legítimas aspiraciones de la Ilustración. En efecto, cuando uno tiene un hijo enfermo, lo lleva al médico, no al sacerdote. La fe reconoce este rubro consistente en la legítima autonomía de las realidades temporales, que se desmarca del clericalismo, en la medida en que este último tenía la tendencia a ofrecer respuestas en ámbitos ajenos a su marco de competencia.

Por su parte *G.S.*, 34 señala otro de los puntos focales de la relación entre ciencia y teología, el tema, tan evidente de que a mayor poder, corresponde una mayor responsabilidad: "cuanto más se acrecienta el poder del hombre, más amplia es su responsabilidad individual y colectiva". Será un tema desarrollado ampliamente por el filósofo de judío Hans Jonas, que veremos más adelante, en el desarrollo del texto. La miopía en el ámbito científico conduce con frecuencia a centrarse en el desarrollo del poder, olvidando el fomento de la responsabilidad. Es lógico, pues el poder deslumbra, mientras que la responsabilidad compromete, nos hace ponernos nuestros propios límites a la hora de desarrollar el mundo tecnocientífico actual.

Por último, *G.S.* n. 63, nos dice: "a veces los enormes progresos de la ciencia y de la tecnología pueden hacer olvidar cuestiones fundamentales de justicia, a pesar de la aspiración común a una mayor solidaridad entre los pueblos y a una estructuración más humana de las relaciones sociales". Eso suele suceder cuando se pierde de vista el humanismo, anegado en la efervescencia del tecnologismo. Cuando la persona humana deja de ser el punto de referencia imprescindible, el fin de todo desarrollo científico-tecnológico y, por el contrario, se somete al mismo. Quizá en el punto donde esto se aprecie con mayor claridad es en el ámbito de la experimentación con embriones. Pero también puede darse en otros campos, más acordes con el tenor literal del texto magisterial. Es decir, cuando deslumbrados por el progreso científico, le dedicamos grandes sumas de dinero, mientras no solucionamos los problemas sociales, como la pobreza, la exclusión o el analfabetismo.

Catecismo de la Iglesia Católica

Históricamente, el siguiente texto magisterial, que aborda las relaciones entre fe, ciencia y tecnología es el *Catecismo de la Iglesia Católica*, el cuál constituye una síntesis de lo que todo católico debería creer. El *Catecismo* le dedica un pequeño parágrafo a la cuestión, titulado "El respeto a la persona y la investigación científica", que va de los puntos 2292 a 2296, comentaremos aquí algunos de ellos.

El punto 2293 afirma: "La ciencia y la técnica están ordenadas al hombre, que les ha dado su origen y crecimiento; tienen por tanto en la persona y en sus valores morales el sentido de su finalidad y la conciencia de sus límites". Es decir, deben servir a la persona humana en su integridad, no cabe, en consecuencia, parafrasear el eslogan clásico de "el arte por el arte", transcribiéndolo como "la ciencia por la ciencia". La ciencia, y también el arte, son actividades humanas y por ello no pueden escapar a su dimensión moral.

En este sentido –la continuidad entre ciencia y moral– afirma el punto 2294 del Catecismo:

"Es ilusorio reivindicar la neutralidad moral de la investigación científica y de sus aplicaciones. Por otra parte, los criterios de orientación no pueden ser deducidos ni de la simple eficacia técnica, ni de la utilidad que pueda resultar de ella para unos con detrimento de otros, y, menos aún, de las ideologías dominantes. La ciencia y la técnica requieren por su significación intrínseca el respeto incondicionado por los criterios fundamentales de la moralidad; deben estar al servicio de la persona humana, de sus derechos inalienables, de su bien verdadero e integral, conforme al designio y a la voluntad de Dios".

Este punto goza de una palpitante actualidad, quizá en el ámbito donde más evidente esto se manifieste sea en el de la investigación genética y en la experimentación con embriones humanos vivos. Seguramente de estos rubros se seguirán incalculables beneficios, pero al costo de sacrificar la dignidad humana, ¿valen la pena esos adelantos a tan alto precio? O, por ejemplo, las operaciones de cambio de sexo, sobre todo en menores de edad, para respaldar la llamada ideología de género, entrarían en el ámbito de no obviar la dignidad humana en pro de las "ideologías dominantes".

La ciencia y la técnica están, en consecuencia, al servicio del hombre y de su vocación para "dominar el mundo", en el sentido visto más arriba de "cuidarlo y cultivarlo", para que dé todo su fruto posible al servicio de la integridad de la persona humana. En ese sentido, dominar el mundo no es explotarlo ni destruirlo.

Como se puede observar, es más sintética la exposición del *Catecismo de la Iglesia Católica*, como corresponde a la naturaleza del texto, pues es una síntesis de todo el panorama de la fe. Ahora bien, no está ausente de ese panorama la relación de la fe con la ciencia y la tecnología.

Encíclicas del Papa Francisco

Dos son las encíclicas en las que Francisco se refiere explícitamente a la relación entre fe, ciencia y tecnología. Los dos forman parte de su magisterio sobre *Doctrina Social de la Iglesia*, las encíclicas *Laudato si'* y *Fratelli Tutti*. En ellas dedica varios puntos a tratar la cuestión.

Laudato si´ sobre el cuidado de la casa común.

La carta encíclica trata expresamente de la cuestión que nos convoca en los números 65 a 69 del documento. Los parafrasearé aquí, y transcribiré entero el número 67, que es el que más directamente aborda el tema.

Francisco se basa en la "Sabiduría de los relatos bíblicos" y en la *Teología de la Creación* para enmarcar sus afirmaciones. Así en el número 65 dice:

"Luego de la creación del ser humano, se dice que «Dios vio todo lo que había hecho y era *muy bueno*» (*Gn* 1,31). La Biblia enseña que cada ser humano es creado por amor, hecho a imagen y semejanza de Dios (cf. *Gn* 1,26). Esta afirmación nos muestra la inmensa dignidad de cada persona humana, que «no es solamente algo, sino alguien. Es capaz de conocerse, de poseerse y de darse libremente y entrar en comunión con otras personas». San Juan Pablo II recordó que el amor especialísimo que el Creador tiene por cada ser humano le confiere una dignidad infinita… ¡Qué maravillosa certeza es que la vida de cada persona no se pierde en un desesperante caos, en un mundo regido por la pura casualidad o por ciclos que se repiten sin sentido!"

Por eso puede exclamar Benedicto XVI, al inicio de su pontificado, citado por Francisco: "cada uno de nosotros es el fruto de un pensamiento de Dios. Cada uno de nosotros es querido, cada uno es amado, cada uno es necesario." Es bonito constatar la sintonía de los tres últimos Papas en esta cuestión. San Juan Pablo II, Benedicto XVI y Francisco coinciden, basados en el *Génesis*, en fundamentar la dignidad infinita de la persona humana en el amor de predilección que Dios siente por ella. Y gracias a ese amor de predilección situarla en el centro de la creación. En este aspecto, se colocan en las antípodas del pensamiento materialista, cristalizado en Sigmund Freud, según el cual "el narcisismo general, el amor propio de la Humanidad, ha sufrido hasta ahora tres graves ofensas por parte de la investigación científica." La ofensa cosmológica, al descubrir, gracias a Copérnico que la Tierra no es el centro del universo; la ofensa biológica, al comprender, gracias a los trabajos de Darwin, que el hombre, es simplemente un animal más evolucionado. "El hombre no es nada distinto del animal ni algo mejor que él: procede de la escala zoológica y está próximamente emparentado con unas especies, y más lejanamente, a otras." Por último, está la ofensa psicológica, propinada por el propio Freud, según la cual el hombre ni siquiera es "señor de su casa", no tiene pleno dominio consciente sobre sí mismo, sino que su actuar y pensar son resultado de multitud de procesos subconscientes e inconscientes.[6] Como veremos más adelante en el texto, un gran científico, Theodosius Dobzhansky, lo refutará.

En el número 66 de la *Laudato si'*, afirma Francisco:

"Los relatos de la creación en el libro del Génesis contienen, en su lenguaje simbólico y narrativo, profundas enseñanzas sobre la existencia humana y su realidad histórica. Estas narraciones sugieren que la existencia humana se basa en tres relaciones fundamentales estrechamente conectadas: la relación con Dios, con el prójimo y con la tierra. Según la Biblia, las tres relaciones vitales se han roto, no sólo externamente, sino también dentro de nosotros. Esta ruptura es el pecado. La armonía entre el Creador, la humanidad y todo lo creado fue destruida por haber pretendido ocupar el lugar de Dios, negándonos a reconocernos como criaturas limitadas. Este hecho desnaturalizó también el mandato de «dominar» la tierra (cf. *Gn* 1,28) y de «labrarla y cuidarla» (cf. *Gn* 2,15). Como resultado, la relación originariamente armoniosa entre el ser humano y la naturaleza se transformó en un conflicto (cf. *Gn* 3,17-19)."

6. Las referencias a Freud del presente párrafo provienen de: https://encyclopaedia.herdereditorial.com/wiki/Recurso:Freud:_las_tres_humillaciones_del_narcisismo_humano, revisado el 14-V-2023, que a su vez cita: *Una dificultad en el psicoanálisis*, en *Obras Completas*, Biblioteca Nueva, Madrid 1968, vol. II, pp. 1110-1112.

Una primera observación, que no compete propiamente al tema que nos convoca, pero no deja de ser interesante, aunque más que repercusiones científicas las tiene exegéticas, es referirse al relato de la Creación transmitido por el *Génesis*, diciendo que usa un lenguaje *simbólico*. Esta sola afirmación, dicha como de pasada por el magisterio papal, nos ahorra muchos quebraderos de cabeza.

El núcleo del número 66 de la encíclica lo constituye la siguiente afirmación: "la existencia humana se basa en tres relaciones fundamentales estrechamente conectadas: la relación con Dios, con el prójimo y con la tierra." Cabría agregar otra, para que el cuadro sea completo, aunque no forme parte del magisterio: la relación con nosotros mismos. Esas cuatro relaciones, la relación con Dios, con los demás, con el planeta y –me permito añadir–, con nosotros mismos, han sido afectadas por el pecado del hombre. De hecho, esa es la explicación teológica de las graves catástrofes naturales que con una secuencia cadencial sacuden a la humanidad. Lo explica muy bien san Pablo, en el capítulo 8 de su *Carta a los Romanos*, versículos 19 al 22: "Pues la ansiosa espera de la creación desea vivamente la revelación de los hijos de Dios. La creación, en efecto, fue sometida a la vanidad, no espontáneamente, sino por aquel que la sometió, en la esperanza de ser liberada de la servidumbre de la corrupción para participar en la gloriosa libertad de los hijos de Dios. Pues sabemos que la creación entera gime hasta el presente y sufre dolores de parto."

El pecado rompe la armonía original del hombre con Dios, con el mundo –lo que se expresa de dos formas, por un lado, las catástrofes naturales, pero por otro, con los desastres ecológicos–, y con los demás, cuya forma más aguda de expresión son las guerras, pero de forma más cotidiana se expresa en las peleas entre hermanos, las rupturas familiares, las pérdidas de la amistad. Con nosotros mismos el pecado nos conduce a diversas formas de au-

todestrucción a través de los vicios –las más graves serían el alco-
holismo y la drogadicción–, y a la incapacidad, frecuentemente
experimentada, de compaginar nuestra vida real con los ideales
que tenemos. Esos defectos pueden conducirnos a una mala relación con nosotros mismos, a autolesionarnos a autodespreciarnos,
a tener complejos como el de inferioridad, o simplemente a tener
una visión pesimista de la vida y de nosotros mismos.

"La armonía entre el Creador, la humanidad y todo lo creado fue destruida por haber pretendido ocupar el lugar de Dios,
negándonos a reconocernos como criaturas limitadas." Esta aseveración da en la diana de la crisis prometeica que experimenta
la civilización contemporánea, cuya mejor expresión sea quizá el
libro de Yuval Noah Harari: "Homo Deus." Si lo miramos bien,
la tentación actual es la misma que experimentaron nuestros primeros padres: "seréis como dioses" (*Génesis* 3, 5). Este no reconocernos "como criaturas limitadas", nos conduce a desubicarnos
existencialmente. Ha provocado en la historia dos crisis filosóficas
de honda envergadura: el pensamiento de Nietzsche, particularmente en la moral, con su propuesta de la "transmutación de todos
los valores", y de erigir al hombre en creador de su propia moral,
error que continúa plenamente vigente bien entrados en el siglo
XXI. Y en segundo lugar la crisis del pensamiento existencialista,
por la cual la libertad se coloca antes que la naturaleza, lo que
nos conduce a no saber discernir con claridad quienes somos realmente, de ahí la crisis existencial y de sentido, de la vida personal,
pero también de la humanidad y del mundo en sí mismo. Como
agudamente sentenciaría el Concilio Vaticano II: "La criatura sin
el Creador desaparece... Más aún, por el olvido de Dios la propia
criatura queda oscurecida" (*Gaudium et Spes* 36).

"Este hecho desnaturalizó también el mandato de «dominar»
la tierra (cf. *Gn* 1,28) y de «labrarla y cuidarla» (cf. *Gn* 2,15).
Como resultado, la relación originariamente armoniosa entre el

ser humano y la naturaleza se transformó en un conflicto (cf. *Gn* 3,17-19).ʺ Fue el pecado, y no el mandato de "dominar la tierra y someterla", el causante de las agudas crisis ecológicas de la humanidad. En su afán de dominar, poseer, enriquecerse, el hombre se enceguéció y devastó su entorno. No ha sido el judeocristianismo, como pretenden algunos de los promotores del pensamiento ecologista, quien con su doctrina ha causado la crisis ecológica[7], sino el pecado del hombre, que olvidó la otra parte del *Génesis*, donde se le manda "cuidar y cultivar la tierra."

Transcribo ahora, completo, el número 67 de la encíclica, que se dedica por entero a responder la crítica ecologista:

"No somos Dios. La tierra nos precede y nos ha sido dada. Esto permite responder a una acusación lanzada al pensamiento judío-cristiano: se ha dicho que, desde el relato del Génesis que invita a «dominar» la tierra (cf. *Gn* 1,28), se favorecería la explotación salvaje de la naturaleza presentando una imagen del ser humano como dominante y destructivo. Esta no es una correcta interpretación de la Biblia como la entiende la Iglesia. Si es verdad que algunas veces los cristianos hemos interpretado incorrectamente las Escrituras, hoy debemos rechazar con fuerza que, del hecho de ser creados a imagen de Dios y del mandato de dominar la tierra, se deduzca un dominio absoluto sobre las demás criaturas. Es importante leer los textos bíblicos en su contexto, con una hermenéutica adecuada, y recordar que nos invitan a «labrar y cuidar» el jardín del mundo (cf. *Gn* 2,15). Mientras «labrar» significa cultivar, arar o trabajar, «cuidar» significa proteger, custodiar, preservar, guardar, vigilar. Esto implica una relación de reciprocidad responsable entre el ser humano y la naturaleza. Cada comunidad puede tomar de la bondad de la tierra lo que necesita para su supervivencia, pero también tiene el deber de protegerla y de garantizar la continuidad de su fertilidad para las generaciones futuras. Porque, en definitiva, «la tierra es del Señor» (*Sal* 24,1), a él pertenece «la tierra y cuanto hay en ella»

---

7. *The Historical Roots of Our Ecologic Crisis*, WHITE, Lynn, Jr., *Science*, 10 March 1967, Volume 155, Number 3767, pp. 1203-1207.

(*Dt* 10,14). Por eso, Dios niega toda pretensión de propiedad absoluta: «La tierra no puede venderse a perpetuidad, porque la tierra es mía, y vosotros sois forasteros y huéspedes en mi tierra» (*Lv* 25,23)."

El texto es lo suficientemente claro, apenas necesita comentario. Proporciona una respuesta bíblica de conjunto, no fundamentada únicamente en un solo texto, donde se matiza la idea de "dominar la tierra y someterla." Al mismo tiempo, sale al frente de lo que se conoce como la "Deep-ecology" o "ecología profunda", donde se infravalora al hombre y se le considera como un devastador de la naturaleza, lo que, en los casos más radicales, conduce al deseo de reducir drásticamente la población universal o, incluso, a desear la desaparición del hombre, como propugnan "La Iglesia de la Eutanasia" cuyo lema es "Salva al planeta, suicídate"[8] o, más seriamente, Peter Singer con su invitación a la esterilización universal y ser felizmente la última generación sobre la tierra:

"Si contempláramos nuestra vida objetivamente veríamos que no es algo que debamos infligir a otros. Entonces, ¿por qué no convertirnos voluntariamente en la última generación sobre la Tierra? Si nos pusiéramos de acuerdo todos para esterilizarnos, no serían precisos sacrificios. ¡Podríamos estar de fiesta hasta la extinción! No estaríamos violando los derechos de nadie, pues las generaciones venideras aún no existen. En todo caso, estaríamos haciéndoles un favor."[9]

El Papa, más mesuradamente, afirma, por el contrario: "Cada comunidad puede tomar de la bondad de la tierra lo que necesita para su supervivencia, pero también tiene el deber de protegerla y de garantizar la continuidad de su fertilidad para las generaciones futuras." En este rubro, cabría añadir, la ciencia y la tecnología,

---

8. Vid. https://www.churchofeuthanasia.org/ Revisado el 14-II-23
9. Peter Singer, citado en SOLER GIL, Francisco, *Mitología materialista de la ciencia*, Encuentro, Madrid 2013, p. 316.

pueden ayudarnos a que la tierra nos rinda cada vez más sin acabar con ella. Esa es una de las líneas del *Llamado de Roma a una ética de la Inteligencia Artificial*, que veremos más adelante.

Por su parte, *Laudato si'*, n. 68 sostiene:

"Esta responsabilidad ante una tierra que es de Dios implica que el ser humano, dotado de inteligencia, respete las leyes de la naturaleza y los delicados equilibrios entre los seres de este mundo, porque «él lo ordenó y fueron creados, él los fijó por siempre, por los siglos, y les dio una ley que nunca pasará» (*Sal* 148,5b-6). De ahí que la legislación bíblica se detenga a proponer al ser humano varias normas, no sólo en relación con los demás seres humanos, sino también en relación con los demás seres vivos: «Si ves caído en el camino el asno o el buey de tu hermano, no te desentenderás de ellos [...] Cuando encuentres en el camino un nido de ave en un árbol o sobre la tierra, y esté la madre echada sobre los pichones o sobre los huevos, no tomarás a la madre con los hijos» (*Dt* 22,4.6). En esta línea, el descanso del séptimo día no se propone sólo para el ser humano, sino también «para que reposen tu buey y tu asno» (*Ex* 23,12). De este modo advertimos que la Biblia no da lugar a un antropocentrismo despótico que se desentienda de las demás criaturas."

Francisco es contundente al señalar que en "la Biblia no da lugar a un antropocentrismo despótico que se desentienda de las demás criaturas." Refuta así, con base en la Palabra de Dios la crítica de la *Deep-ecology*. Invita a su vez al ser humano a que use su inteligencia y respete las leyes de la naturaleza, que sólo él puede conocer. Nos invita a tomar conciencia de los delicados equilibrios que existen en nuestro mundo, para evitar a toda costa romperlos. Y al hacer esta sugerencia en el contexto de una encíclica y basado en las Sagradas Escrituras, convierte el cuidado del planeta en parte de nuestra vivencia habitual de la fe, en una forma de responder al encargo que nos ha sido hecho por parte del mismo Dios. La ciencia y la técnica deben estar así, según la fe, al servicio del cuidado de nuestra "casa común".

Por último, el número 69 de la encíclica afirma:

"A la vez que podemos hacer un uso responsable de las cosas, estamos llamados a reconocer que los demás seres vivos tienen un valor propio ante Dios y, «por su simple existencia, lo bendicen y le dan gloria», porque el Señor se regocija en sus obras (cf. *Sal* 104,31). Precisamente por su dignidad única y por estar dotado de inteligencia, el ser humano está llamado a respetar lo creado con sus leyes internas, ya que «por la sabiduría el Señor fundó la tierra» (*Pr* 3,19). Hoy la Iglesia no dice simplemente que las demás criaturas están completamente subordinadas al bien del ser humano, como si no tuvieran un valor en sí mismas y nosotros pudiéramos disponer de ellas a voluntad. Por eso los Obispos de Alemania enseñaron que en las demás criaturas «se podría hablar de la prioridad del *ser* sobre el *ser útiles*». El *Catecismo* cuestiona de manera muy directa e insistente lo que sería un antropocentrismo desviado: «Toda criatura posee su bondad y su perfección propias [...] Las distintas criaturas, queridas en su ser propio, reflejan, cada una a su manera, un rayo de la sabiduría y de la bondad infinitas de Dios. Por esto, el hombre debe respetar la bondad propia de cada criatura para evitar un uso desordenado de las cosas»."[10]

Con este punto Francisco reconoce dos realidades fundamentales, cuya diferencia es sutil, pero imprescindible para tener una visión equilibrada y teológicamente ponderada de la realidad. El primer punto firme, bien asentado en la tradición y en la vida de la Iglesia, consiste en que la persona humana es el único ser de la creación material, que seamos conscientes, que posee dignidad, es decir, un valor excelso, que la coloca por encima de todos los demás seres creados, eso significa que marca una diferencia cualitativa y no solo de grado, con los demás seres vivos e inertes. No

---

10. Las citas internas provienen de: Catecismo de la Iglesia Católica, 2416. Conferencia Episcopal Alemana, *Zukunft der Schöpfung – Zukunft der Menschheit. Erklärung der Deutschen Bischofskonferenz zu Fragen der Umwelt und der Energieversorgung* (1980), II, 2. Catecismo de la Iglesia Católica, 339.

habla aquí de los ángeles, que tienen también dignidad, pero son seres puramente espirituales, ni de la hipotética existencia de otros seres conscientes e inteligentes en alguna parte del universo, que por ahora es sólo fruto de especulación. Esta aseveración es patrimonio común de los cristianos, pero también es de ley natural, de forma que es posible compartirlo con personas de otras religiones o carentes de fe. En efecto, ha sido asumida, por ejemplo, en la *Declaración Universal de Derechos Humanos*, de 1948.

La segunda realidad que Francisco descubre, quizá no es tan conocida por el pueblo fiel, y por ello es muy oportuno que la incluya en su carta encíclica, es la siguiente: "los demás seres vivos tienen un valor propio ante Dios y, «por su simple existencia, lo bendicen y le dan gloria»"; e insiste: "la Iglesia no dice simplemente que las demás criaturas están completamente subordinadas al bien del ser humano, como si no tuvieran un valor en sí mismas y nosotros pudiéramos disponer de ellas a voluntad." Es decir, la novedad es que el Papa nos recuerda que las criaturas tienen un valor propio en sí mismas, porque son obra de Dios, reflejan de alguna manera Su Bondad y Sabiduría. De entre ellas, las más valiosas son los seres vivos, y por ellos les debemos respeto, y un uso racional. Así, el hombre tiene dignidad, pero las criaturas poseen valor. Con esa visión equilibrada contemplamos, desde la fe, pero también gracias a la razón, a la ley natural, las relaciones de la persona humana con todo lo creado.

El último punto de la encíclica donde Francisco aborda la relación entre fe, ciencia y tecnología, es quizá más polémico y tiene un cariz un tanto pesimista. En efecto, en el número 54 afirma: "El sometimiento de la política ante la tecnología y las finanzas se muestra en el fracaso de las Cumbres mundiales sobre medio ambiente." Es decir, pone en evidencia una equivocada escala de valores y una política deficiente, corta de miras. La política, en lugar de poner el bien del hombre y de nuestra casa común en primer lugar, se somete a los dictados pragmáticos y utilitaristas de la tecnología ciega y de las finanzas, con el consecuente efecto de acelerar el colapso ecológico, y con ello perjudicar a la entera humanidad. Se debe invertir esa escala de valores y poner en primer lugar el bien humano y de nuestra casa común, al cual se deben someter la tecnología y las finanzas.

Fratelli Tutti (Todos hermanos)

La encíclica tiene dos grupos de textos donde aborda la cuestión sobre la relación entre fe, ciencia y tecnología. Las referencias se encuentran en los puntos 29 a 31 y 42 a 43.

La encíclica quiere ser también un valioso instrumento de "diálogo interreligioso"; es decir, mostrar cómo, en algunos puntos neurálgicos, estamos de acuerdo los practicantes de los diferentes credos. Uno de esos importantes puntos de acuerdo es precisamente la percepción que se tiene del avance científico-tecnológico:

"Con el Gran Imán Ahmad Al-Tayyeb no ignoramos los avances positivos que se dieron en la ciencia, la tecnología, la medicina, la industria y el bienestar, sobre todo en los países desarrollados. No obstante, «subrayamos que, junto a tales progresos históricos, grandes y valiosos, se constata un deterioro de la ética, que condiciona la acción internacional, y un debilitamiento de los valores espirituales y del sentido de responsabilidad»… Ante este panorama, si bien nos cautivan muchos avances, no advertimos un rumbo realmente humano" (*Fratelli Tutti*, 29).

Tanto el Papa como el Gran Imán denuncian la carencia de una perspectiva ética en el avance científico, la cual se pone de manifiesto al verificar que sólo algunos se benefician del mismo, mientras que otros —extensos espectros de la población, países enteros– se quedan al margen. El desarrollo tecnológico de la humanidad ha sido proporcional a su debilitamiento espiritual, y ello se manifiesta en las carencias éticas que se observan en el uso de la ciencia y la tecnología, no siendo la menor la falta de responsabilidad. De alguna forma la ciencia y la tecnología, cuando son absolutizadas, nos avocan al materialismo.

Francisco describe muy sintéticamente su percepción en el punto n. 30 del documento, cuando afirma, refiriéndose a la desarmonía entre ética y desarrollo científico: "creer que podemos ser todopoderosos y olvidar que estamos todos en la misma barca". Propone, en consecuencia, un desarrollo técnico que fomente la cultura del encuentro, la solidaridad, la ayuda: "El aislamiento, no; cercanía, sí. Cultura del enfrentamiento, no; cultura del encuentro, sí". Esto, claramente no ocurre, cuando se utiliza el progreso para matar, es decir, cuando el desarrollo científico va precedido y es estimulado por el desarrollo militar.

En el número 31, pasa a ser más enfático y señala que de alguna forma es una cuestión de ceguera, lo que implica estar tan absortos en las propias investigaciones, que nos olvidamos de quien tenemos al lado. La sabiduría –saber por excelencia– nos debería llevar a conciliar ambos polos:

> "Avanza la tecnología sin pausa, pero «¡qué bonito sería si al crecimiento de las innovaciones científicas y tecnológicas correspondiera también una equidad y una inclusión social cada vez mayores! ¡Qué bonito sería que a medida que descubrimos nuevos planetas lejanos, volviéramos a descubrir las necesidades del hermano o de la hermana en órbita alrededor de mí!»"

En definitiva, la posición de Francisco en estos puntos de *Fratelli Tutti*, es más bien crítica, busca desenmascarar al ídolo del progreso, caracterizado por el avance científico tecnológico, como si fuera la panacea, la única y exclusiva forma de saber humano, la respuesta a todos nuestros problemas. Invita, por el contrario, a que se complemente con la ética y particularmente con una aguda preocupación social y humana.

Por su parte, en los números 42 y 43 de *Fratelli Tutti*, hace una aguda crítica a los medios de comunicación contemporáneos, particularmente a las redes sociales, denunciando los peligros que encierra su mal uso. Así, en el n. 42 afirma:

> "En la comunicación digital se quiere mostrar todo y cada individuo se convierte en objeto de miradas que hurgan, desnudan y divulgan, frecuentemente de manera anónima. El respeto al otro se hace pedazos y, de esa manera, al mismo tiempo que lo desplazo, lo ignoro y lo mantengo lejos, sin pudor alguno puedo invadir su vida hasta el extremo".

Francisco pone así en evidencia, cómo el mal uso de los medios de comunicación, particularmente de las redes sociales, es invasivo de la intimidad y destruye la interioridad de la persona, a la cual se le ve como un objeto, o como una especie de zoológico humano. Baste pensar, por ejemplo, en los "Reality Shows". Esta cultura inhumana fomenta la morbosidad y la propagación *ad nauseam* de información irrelevante, cuando no destructiva de las personas.

Por su parte, en el siguiente número, el 43, es más incisivo en señalar la paradoja de la comunicación que conduce al aislamiento individual:

> "Los medios de comunicación digitales pueden exponer al riesgo de dependencia, de aislamiento y de progresiva pérdida de contacto con la realidad concreta, obstaculizando el desarrollo de relaciones interpersonales auténticas". Y explica el por qué: "Las relaciones digitales, que eximen del laborioso cultivo de una amistad, de una reciprocidad estable, e incluso de un consenso que madura con el tiempo, tienen apariencia de sociabilidad. No construyen verdaderamente un «nosotros» sino que suelen disimular y amplificar el mismo individualismo que se expresa en la xenofobia y en el desprecio de los débiles. La co-

nexión digital no basta para tender puentes, no alcanza para unir a la humanidad".

Es muy fuerte la crítica que hace Francisco de los medios digitales –de las redes sociales–, pues denuncia la apariencia de unión y de comunicación que producen. Esta no es propiamente humana si se queda en esa esfera, pues corren el peligro de encerrar a la persona en un duro individualismo. No deja de ser curioso el hecho de que el Papa haga esta aguda denuncia, cuando en otros lugares ha comentado que no usa las redes sociales y que no tiene teléfono celular. Ha dicho expresamente que el *Twitter* del Papa se lo maneja un secretario. Pero no pienso que sea una condena absoluta o una descalificación total, pero sí describe con claridad algunas de las heridas sociales y familiares de nuestro tiempo.

Podemos, en efecto, estar unidos –gracias a los medios digitales– con personas que están al otro lado del mundo, y no convivir con los de nuestra propia familia. ¿No ha terminado, tristemente, por ser familiar la imagen de un comedor, en el cual están sentados los miembros de una familia, cada cual centrado en su propio celular, aislado del resto? ¿No es frecuente que un adolescente, joven e incluso adultos, se aíslen practicando juegos de video, compitiendo con personas de otros países, mientras se olvidan de su propio hogar, no digamos ya de los más necesitados?

Francisco describe así con precisión los efectos perversos de la *hipercomunicación*. Se echa en falta, sin embargo, que en esta encíclica ofrezca también la otra cara de la moneda, es decir, los aspectos positivos que ha tenido para muchas personas y causas sociales, la posibilidad de comunicarnos de esta forma actualmente. ¿Qué habría sido de nosotros, sin los medios digitales Zoom, Google.meet, y también las redes sociales durante la pandemia? Nos permitieron seguir trabajando y estar cercanos a quienes queríamos. La encíclica de Francisco está firmada en plena efervescencia de la pandemia, el 3 de octubre de 2020, de forma que ya podría haber tenido noticia de las ventajas y aspectos positivos de las tecnologías de la comunicación[11]. Esta visión más positiva y alentadora se verá encarnada en el siguiente texto magisterial a analizar.

Laudate Deum[12]

Quedan lejanos aquellos días en que se suponía, erróneamente, que la ciencia era enemiga de la religión. En efecto, tal idea no se trata sino un prejuicio filosófico propio de la Ilustración, ampliamente superado. La ciencia moderna, así como las universidades, nacieron al calor de la religión católica. Es verdad que en ocasiones ha existido algún conflicto marginal –como es el caso Galileo–, pero se trata de la excepción, no de la regla. Ahora, en cambio, el pontificado ha dado un paso más: así como antaño fue mecenas de lo mejor de la producción artística de la historia universal, ahora se ha convertido, quizá, en el principal difusor en la opinión pública, en el gran divulgador de la ciencia. Fran-

11. Esa visión más positiva y proactiva se encuentra en *Dicasterio para la Comunicación*, "Hacia una nueva presencia. Reflexión pastoral sobre la interacción en las Redes Sociales", 28-V-2023, analizado más abajo. Cfr. https://www.vatican.va/roman_curia/dpc/documents/20230528_dpc-verso-piena-presenza_es.html Revisado el 3-VI-2023.

12. Cuando ya se había enviado este libro a la editorial, la cual aprobó su publicación, el Papa Francisco publicó su Exhortación Apostólica *Laudate Deum* sobre el cuidado de "nuestra casa común", en la que mantiene un intenso diálogo con la ciencia, en aras de la defensa del planeta. Transcribo, en consecuencia, el artículo que escribí sobre el tema, apenas salido el documento, que apareció firmado por mi seudónimo "Dr. Salvador Fabre" en el portal *Exaudi*, el 6 de octubre de 2023, bajo el título: "El Papa defiende la ciencia." Cfr. https://www.exaudi.org/es/el-papa-defiende-la-ciencia/

cisco, con su Exhortación Apostólica *Laudate Deum*, ha puesto sobre la mesa del debate público la necesidad de tomarse en serio el calentamiento global y el cambio climático, difundiendo de esa forma, entre los creyentes de a pie y personas de buena voluntad, los resultados más sólidos de la ciencia reciente sobre dicho tópico. Digamos que, lo que Carl Sagan fue para la imagen pública de la ciencia en los años 80 del siglo XX, lo es ahora Francisco en la segunda década del siglo XXI.

La Exhortación Apostólica de Francisco es bastante breve, apenas 73 puntos, cortos todos ellos. La mayor parte de las referencias están tomadas de su propia encíclica precedente, *Laudato si'*, de pocas declaraciones de algunas Conferencias Episcopales, y de una multitud de estudios científicos sobre el cambio climático. En algunos sectores del catolicismo ha despertado cierto desconcierto: "zapatero a tus zapatos", ¿qué "vela en el entierro" tiene Francisco como persona o el papado como institución en la ecología? ¿Cuál es la misión de la Iglesia?, ¿salvar almas o salvar al planeta? Para ello, hacen notar, por ejemplo, cómo en el texto magisterial no aparece ni una vez la palabra "Evangelio" o "Virgen María"; "Jesús" sólo aparece 5 veces, "Dios" 11, mientras la palabra "clima" se menciona 33 ocasiones, con abundantes notas a pie de página.

Personalmente pienso que hay que darle el beneficio de la duda al Papa, y acoger con religioso respeto su magisterio —se trata de un texto magisterial—, como debe hacer un buen católico. La crítica no está exenta de cierta malicia, es decir, sería correcta si todo el magisterio del Papa se dedicara exclusivamente a tratar la cuestión del clima. Pero, claramente, no es así. Hay que entender el texto de Francisco tanto en su contexto histórico, como dentro del conjunto de su magisterio. Es verdad que se trata del primer Papa en dedicar dos documentos y gran parte de un tercero ("Querida Amazonia") al tema medioambiental. Es cierto que, junto con el cambio climático, otro tema fundamental de su pontificado son los migrantes. Ambos temas candentes, actuales, pero de los cuales no se percibe, a primera vista, su relación directa con la predicación del evangelio, la administración de los sacramentos y la salvación de las almas, temas bacilares y fundantes de la Iglesia. Sin embargo, atendiendo a la misión profética de la Iglesia en el mundo, por ejemplo, como la expresa la Constitución Apostólica *Gaudium et Spes*, del Concilio Vaticano II y, a la lectura sin prejuicios de los mismos textos de Francisco, entendemos que parte de la misión que la Iglesia da a los laicos de "ordenar el mundo según Dios", incluye interesarse por los problemas más acuciantes de la sociedad actual, entre los cuales se encuentra, sin duda alguna, el cambio climático.

Es cierto que Francisco le da una relevancia inusitada a ciertos temas, que resultan novedosos en la narrativa eclesial, pero con eso le da una presencia nueva a la Iglesia en el debate contemporáneo. Le otorga una nueva legitimidad y un gran prestigio entre las naciones. Ayuda a comprender que, si bien la misión de la Iglesia es la salvación de las almas, ello no implica desentenderse del mundo, sino todo lo contrario. Es verdad que Francisco como tal –Jorge Mario Bergoglio–, no es especialista en el tema. Pero sabe asesorarse de las personas indicadas para presentar un texto coherente, que no desdice en lo referente a sus afirmaciones de carácter técnico. En este caso, además, lo hace con una clara dimensión profética, de denuncia directa, no conocida en los textos magisteriales recientes. En concreto, el texto tiene una doble finalidad: mostrar cómo *Laudato si'* no ha tenido la acogida esperada en el concierto de las naciones y aprovechar la *COP 28* de Dubai para corregir el rumbo.

En el camino, y como de pasada, muestra cómo la raíz del problema no está en la sobrepoblación, sino en un género de vida dispendioso y consumista. La causa del problema no está en que hay muchos pobres —como insistentemente intentan hacernos creer—, sino en que los ricos no son capaces de tomar un género de vida sobrio y templado por solidaridad con el planeta. Y lo hace con datos duros: la mitad de los pobres del mundo está en África y ellos contaminan muy poco. Mientras que Estados Unidos contamina cerca de siete veces más respecto a la media de los países pobres. Por eso el problema no es sólo ni principalmente técnico, sino moral. Y eso casi nadie lo dice, solo Francisco.

Discurso de Francisco en la COP 28 de Dubai

El complemento de *Laudate Deum* de Francisco, fue su discurso, enviado a la *COP 28* de Dubai, leído por el Cardenal Piertro Parolin, debido a que una enfermedad indispuso al Papa y no pudo realizar el viaje[13]. En realidad, una finalidad clara de *Laudate Deum* fue crear conciencia sobre esta conferencia sobre el cambio climático, mostrándola casi como una última tabla de salvación.

De esta manera, el discurso de Francisco adquiere tonos no ya proféticos, sino apocalípticos:

"Me hago presente porque, ahora más que nunca, el futuro de todos depende del hoy que escojamos. Me hago presente porque la devastación de la creación es una ofensa a Dios, un pecado no sólo personal sino estructural que repercute en el ser humano, sobre todo en los más débiles; un grave peligro que pende sobre cada uno y que amenaza con desencadenar un conflicto entre generaciones. Me hago presente porque el cambio climático es «un problema social global que está íntimamente relacionado con la dignidad de la vida humana». Me hago presente para formular una pregunta a la que estamos llamados a res-

13. Vid. https://www.vatican.va/content/francesco/es/speeches/2023/december/documents/20231202-dubai-cop28.html Nuevamente, este breve parágrafo fue añadido en la última revisión del texto.

ponder ahora: ¿trabajamos por una cultura de la vida o de la muerte? Les pido de corazón: ¡escojamos la vida, elijamos el futuro! ¡Escuchemos el gemido de la tierra, oigamos el clamor de los pobres, demos oídos a las esperanzas de los jóvenes y a los sueños de los niños! Tenemos una gran responsabilidad: velar porque no se les niegue el futuro".

Vuelve a señalar, con insistencia, algunas de las causas de la crisis climática: "la ambición de producir y poseer se ha convertido en una obsesión, y ha desembocado en una avidez sin límites". En este sentido y en contra de la narrativa dominante, Francisco recalca que no son los pobres, ni la superpoblación, los causantes de la crisis ecológica, sino los estilos de vida dispendiosos propios de los países ricos. Al mismo tiempo, lo que nos paraliza como sociedad son "las divisiones existentes entre nosotros".

Ofrece una solución: "¿cuál es el camino para salir de esto? Es el que ustedes están recorriendo en estos días: un camino conjunto, *el multilateralismo*... Se trata de establecer reglas globales y eficientes". Este camino nos ayudará a solucionar la crisis ecológica y a alcanzar la paz, que son los dos problemas más acuciantes en la actualidad: "Esto es válido para el cuidado de la creación y también para la paz. Son las temáticas más urgentes y están mutuamente relacionadas... Lanzo de nuevo una propuesta: con el dinero que se usa en armas y otros gastos militares, constituyamos un Fondo mundial para acabar de una vez con el hambre y llevar a cabo actividades que promuevan el desarrollo sostenible de los países más pobres, para combatir el cambio climático".

Francisco augura que el 2024 sea un punto de inflexión. Para ello rememora un suceso acaecido hace 8 siglos, en 1224, cuando san Francisco de Asís compuso el *Cántico de las criaturas*. Su propuesta en este sentido es concreta, medible: "Que esta COP sea un punto de inflexión, que manifieste una voluntad política clara y tangible, que conduzca a una aceleración decisiva hacia la transición ecológica, por medio de formas que posean *tres carac-*

terísticas: «que sean eficientes, que sean obligatorias y que se puedan monitorear fácilmente». Y que se realicen en *cuatro campos*: la eficiencia energética, las fuentes renovables, la eliminación de los combustibles fósiles y la educación a estilos de vida menos dependientes de estos últimos".

Jornada Mundial de la Paz 2024

Resulta curioso que Francisco haya dedicado el *Mensaje para la 57 Jornada Mundial de la Paz[14]*, 1º de enero de 2024[15] (aunque publicado el 8 de diciembre de 2023), al tema de "Inteligencia Artificial y Paz". ¿Por qué? Pues porque, al día de hoy, la humanidad está desgarrada por innumerables conflictos bélicos, como la guerra en la Franja de Gaza o Ucrania. Pero no son los únicos lugares: en torno a Navidad 170 cristianos –nuevos "santos inocentes"– fueron asesinados en el centro de Nigeria, o en México continúan las matanzas perpetradas por grupos ligados al narcotráfico. ¿Por qué centrarse entonces en la Inteligencia Artificial y la Paz?

Además, cuando uno analiza el documento, descubre que en su brevedad –apenas 8 incisos– resulta mucho más ambicioso que un simple llamado a la paz. Obviamente destaca los riesgos para la paz que supone la IA, e invita a utilizarla para construir caminos de paz. Pero el arco de su contenido es más amplio, y supone en realidad una buena síntesis de los documentos magisteriales

14. Vid. https://www.vatican.va/content/francesco/es/messages/peace/documents/20231208-messaggio-57giornatamondiale-pace2024.html

15. Cuando estaba realizando la última revisión del texto, previa a la publicación, apareció este nuevo documento pontificio que aborda directamente el tema del libro. Una versión reducida de este texto, apareció en el portal Exaudi, firmada por mi seudónimo: "Dr. Salvador Fabre". Vid. https://www.exaudi.org/es/jornada-mundial-de-la-paz-2024/ aparecido el 2-I-2024.

precedentes sobre este novedoso tema. Constituye una forma de incluir a la IA dentro de un texto magisterial de más alto grado y tradición, como puede ser el *Mensaje para la celebración de la 57 Jornada Mundial de la Paz.*

El documento cuida de mantener un delicado equilibrio entre las posibilidades y peligros que supone la IA. Parte de una realidad: su irrupción en la historia y el mundo no tiene vuelta atrás. Con esta premisa nos invita a utilizarla bien, y nos advierte de los peligros de su mal uso.

Sobre los peligros de usar la IA en el campo militar, Francisco señala lo siguiente:

"La posibilidad de conducir operaciones militares por medio de sistemas de control remoto ha llevado a una percepción menor de la devastación que estos han causado y de la responsabilidad en su uso, contribuyendo a un acercamiento aún más frío y distante a la inmensa tragedia de la guerra. La búsqueda de las tecnologías emergentes en el sector de los denominados «sistemas de armas autónomos letales», incluido el uso bélico de la inteligencia artificial, es un gran motivo de preocupación ética. Los sistemas de armas autónomos no podrán ser nunca sujetos moralmente responsables... Tampoco podemos ignorar la posibilidad de que armas sofisticadas terminen en las manos equivocadas facilitando, por ejemplo, ataques terroristas o acciones dirigidas a desestabilizar instituciones de gobierno legítimas".

Entre los aspectos que vale la pena remarcar en el nuevo documento de Francisco se encuentra su insistencia en que los avances científico-tecnológicos no son neutrales: "la investigación científica y las innovaciones tecnológicas no están desencarnadas de la realidad ni son «neutrales», sino que están sujetas a las influencias culturales... tienen siempre una dimensión ética, estrictamente ligada a las decisiones de quien proyecta la experimentación y enfoca la producción hacia objetivos particulares". Lo que equivale a decir que poseen una intencionalidad, están al servicio de determinados intereses culturales, económicos, políticos o ideológicos. Por ello mismo gozan de una dimensión ética.

> "Las máquinas inteligentes pueden efectuar las tareas que se les asignan cada vez con mayor eficiencia, pero el fin y el significado de sus operaciones continuarán siendo determinadas o habilitadas por seres humanos que tienen un propio universo de valores… el sistema tecnocrático, que alía la economía con la tecnología y privilegia el criterio de la eficiencia, tendiendo a ignorar todo aquello que no está vinculado con sus intereses inmediatos".

La perspectiva ética nos dice que, a mayor poder, mayor responsabilidad: "La inmensa expansión de la tecnología, por consiguiente, debe ser acompañada, para su desarrollo, por una adecuada formación en la responsabilidad… Tenemos por ello el deber de ensanchar la mirada y de orientar la búsqueda técnico-científica hacia la consecución de la paz y del bien común, al servicio del desarrollo integral del hombre y de la comunidad". Por eso "las cuestiones éticas deberían ser tenidas en cuenta desde el inicio de la investigación, así como en las fases de experimentación, planificación, distribución y comercialización". La seguridad, la paz, el bien común, el respeto de la dignidad humana, requieren que la ética acompañe en todo su desarrollo la elaboración de los sistemas de la IA.

Por otra parte, está el problema de determinar, ¿cuál ética? De hecho, sabemos que existen abundantes modelos morales. Indudablemente Francisco apuesta por una propuesta antropológica de corte humanista que de sustento a la ética necesaria para gestionar la IA:

> "El trabajo de redacción de las orientaciones éticas para la producción de formas de inteligencia artificial no puede prescindir de la consideración de cuestiones más profundas, relacionadas con el significado de la existencia humana, la tutela de los derechos humanos fundamentales y la búsqueda de la justicia y de la paz".

Por eso mismo, "los desarrollos tecnológicos que no llevan a una mejora de la calidad de vida de toda la humanidad, sino que, por el contrario, agravan las desigualdades y los conflictos, no podrán ser considerados un verdadero progreso". Progreso y humanismo van de la mano, y son resultado de no perder de vista el fin de todo desarrollo tecnológico: la persona humana.

El texto magisterial pone algunos ejemplos de cómo la IA puede jugar en contra de la dignidad humana: "En el futuro, la fiabilidad de quien pide un préstamo, la idoneidad de un individuo para un trabajo, la posibilidad de reincidencia de un condenado o el derecho a recibir asilo político o asistencia social podrían ser determinados por sistemas de inteligencia artificial".

También son "consecuencias negativas unidas a su uso impropio, la discriminación, la interferencia en los procesos electorales, la implantación de una sociedad que vigila y controla a las personas, la exclusión digital y la intensificación de un individualismo cada vez más desvinculado de la colectividad".

Francisco da en la diana cuando rechaza identificar la singularidad de la persona con un cúmulo de datos, y al señalar cómo el algoritmo puede hacer que modifiquemos nuestro modo de promover los derechos humanos:

"La dependencia de procesos automáticos que clasifican a los individuos, por ejemplo, por medio del uso generalizado de la vigilancia o la adopción de sistemas de crédito social, también podría tener repercusiones profundas en el entramado social, estableciendo categorizaciones impropias entre los ciudadanos… El respeto fundamental por la dignidad humana postula rechazar que la singularidad de la persona sea identificada con un conjunto de datos. No debemos permitir que los algoritmos determinen el modo en el que entendemos los derechos humanos, que dejen a un lado los valores esenciales de la compasión, la misericordia y el perdón o que eliminen la posibilidad de que un individuo cambie y deje atrás el pasado".

Una novedad en la doctrina magisterial sobre la IA es la noción de "límite". Francisco nos invita a "reflexionar sobre el «sentido del límite» ... El ser humano, en efecto, mortal por definición, pensando en sobrepasar todo límite gracias a la técnica, corre el riesgo, en la obsesión de querer controlarlo todo, de perder el control de sí mismo, y en la búsqueda de una libertad absoluta, de caer en la espiral de una dictadura tecnológica". Es una advertencia grave, ante la tentación prometeica de buscar redimirnos a nosotros mismos a través de las obras de nuestras manos que, paradójicamente, nos puede conducir a la autodestrucción.

Para enfrentar estos desafíos, el Papa ofrece dos sencillas sugerencias, no fáciles de implementar ciertamente: Brindar una educación que agudice el sentido crítico hacia todo lo que provenga del mundo digital y, particularmente, de la IA:

> "La educación en el uso de formas de inteligencia artificial debería centrarse sobre todo en promover el pensamiento crítico... [el cual supone] capacidad de discernimiento en el uso de datos y de contenidos obtenidos en la web o producidos por sistemas de inteligencia artificial".

En segundo lugar, elaborar un tratado internacional vinculante para controlarla y encauzarla, y así produzca frutos respetuosos de la dignidad y los derechos humanos: "exhorto a la comunidad de las naciones a trabajar unida para adoptar un tratado internacional vinculante, que regule el desarrollo y el uso de la inteligencia artificial en sus múltiples formas".

Cabe señalar que Francisco está bien asesorado. Se nota en la redacción del documento una puesta al día respecto de los textos magisteriales anteriores, cuando habla de "inteligencias artificiales" –así, en plural– y *"machine learning"*, mostrando las diferencias que tienen con el auténtico conocimiento humano.

"Esto vale también para las formas de inteligencia artificial, para la cual, hasta hoy, no existe una definición unívoca en el mundo de la ciencia y de la tecnología. El término mismo, que ha entrado ya en el lenguaje común, abraza una variedad de ciencias, teorías y técnicas dirigidas a hacer que las máquinas reproduzcan o imiten, en su funcionamiento, las capacidades cognitivas de los seres humanos. Hablar en plural de «formas de inteligencia» puede ayudar a subrayar sobre todo la brecha infranqueable que existe entre estos sistemas y la persona humana, por más sorprendentes y potentes que sean. Estos son, a fin de cuentas, «fragmentarios», en el sentido de que sólo pueden imitar o reproducir algunas funciones de la inteligencia humana. El uso del plural pone en evidencia además que estos dispositivos, muy distintos entre sí, se deben considerar siempre como «sistemas socio-técnicos». En efecto, su impacto, independientemente de la tecnología de base, no sólo depende del proyecto, sino también de los objetivos y de los intereses del que los posee y del que los desarrolla, así como de las situaciones en las que se usan".

El texto deja patente que el panorama es, por ahora, todo menos claro. Es algo que está naciendo en nuestras manos y plantea incógnitas que van más allá de lo estrictamente técnico, para internarse en el ámbito antropológico, por lo que requieren un acercamiento interdisciplinar: "Desarrollos como el *machine learning* o como el aprendizaje profundo (*deep learning*) plantean cuestiones que trascienden los ámbitos de la tecnología y de la ingeniería y tienen que ver con una comprensión estrictamente conectada con el significado de la vida humana, los procesos básicos del conocimiento y la capacidad de la mente de alcanzar la verdad".

Podemos concluir la reflexión sobre este documento, con un párrafo que muestra su continuidad con los textos pontificios precedentes, planteando con claridad los retos a los que nos enfrenta esa apasionante realidad que es la IA:

"La inteligencia artificial, por tanto, debe ser entendida como una galaxia de realidades distintas y no podemos presumir *a priori* que su desarrollo aporte una contribución benéfica al futuro de la humanidad y a la paz entre los pueblos. Tal resultado positivo sólo será posible si somos capaces de actuar de forma responsable y de respetar los valores humanos fundamentales como «la inclusión, la transparencia, la seguridad, la equidad, la privacidad y la responsabilidad»".

Algor-ética de Francisco

Hay un documento, de menor relevancia magisterial, pero que ataca más directamente al tema de nuestro estudio. Se trata del discurso de Francisco, pronunciado el 28 de febrero de 2020 —es decir, en la inminencia de la pandemia— dirigido a los participantes de la Plenaria de *la Pontificia Academia para la Vida*. El documento fue preparado por Francisco y leído por Mons. Vicenzo Paglia, Presidente de la Academia. Al evento acudieron importantes personalidades, como el Presidente del Parlamento Europeo, el Director General de la FAO e importantes representantes de la tecnología informática, como el CEO de Microsoft o el Vicepresidente de IBM.

Comentaremos brevemente, al mejor estilo de la glosa magisterial, casi todo el documento, pues, repito, aborda directamente el tema que nos convoca en esta ocasión. Francisco comienza a referirse a la Inteligencia Artificial, tema de nuestro tiempo, dándole toda la relevancia que tiene para el mundo actual:

"Podríamos decir que la «galaxia digital», y en particular la llamada «inteligencia artificial», están en el corazón mismo del cambio de época que estamos atravesando. La innovación digital, efectivamente, alcanza a todos los aspectos de la vida, tanto personales como sociales. Afecta a la forma en que entendemos el mundo y a nosotros mismos. Está cada vez más presente en las actividades e incluso en las decisiones humanas, y está cambiando nuestra forma de pensar y actuar.

Las decisiones, incluso las más importantes, las del ámbito médico, económico o social, son hoy fruto de la voluntad humana y de una serie de contribuciones algorítmicas. El acto personal se encuentra así en el punto de convergencia entre la aportación propiamente humana y el cálculo automático por lo que resulta cada vez más complejo comprender su objeto, prever sus efectos y definir sus responsabilidades".

Como se puede observar, la Teología, al interesarse por todo fenómeno humano en la medida en que se puede ordenar a Dios, no puede ignorar el cambio epocal que estamos viviendo. El Evangelio tiene algo que decir frente a las nuevas formas de vida y de pensar que los seres humanos estamos experimentando. El Papa incluso insinúa que es necesaria una nueva "teoría de la acción", pues ahora actuamos conjuntamente hombres y máquinas y, muy probablemente, en un futuro no muy lejano, amplios rubros de la realidad van a ser dejados al manejo de las máquinas. Es necesario un nuevo estudio de la responsabilidad al respecto, dado que una máquina no puede –por lo menos filosóficamente hablando– ser un agente moral.

> "Hoy, la convergencia entre los diferentes saberes científicos y tecnológicos tiene un efecto amplificador y hace posible intervenir en fenómenos de magnitud infinitesimal y de alcance planetario, hasta el punto de desdibujar fronteras que hasta ahora se consideraban bien distinguibles: entre la materia inorgánica y la orgánica, entre lo real y lo virtual, entre las identidades estables y los acontecimientos en continua relación entre sí".

El Papa apunta al núcleo de la cuestión, en lo que se refiere a los cambios que estamos experimentando, de forma que no es una exageración hablar de un cambio de época. No en vano se le conoce como "Cuarta Revolución Industrial", la revolución en la cual la persona deja de trabajar, porque lo harán las máquinas. Por ejemplo, la biónica difumina la frontera entre lo orgánico y lo inorgánico; el metaverso entre lo real y lo virtual; lo vertiginoso de los avances entre las identidades estables y los acontecimientos en continua relación entre sí. Esto cristaliza en las llamadas "identidades líquidas", que fluyen, tan en boga con la ideología de género y con el pensamiento políticamente correcto actual. El resultado de todo ello es una forma nueva de ver al mundo y de comprenderse a sí mismo, que no podemos ni parar, ni cambiar. Sólo nos queda la posibilidad de encuadrarla en un marco de sentido cristiano y trascendente.

> "A nivel personal, la era digital cambia la percepción del espacio, el tiempo y el cuerpo. Infunde un sentido de expansión de sí mismo que ya no parece encontrar algún límite y la homologación se afirma como el criterio de agregación imperante: reconocer y apreciar la diferencia se hace cada vez más difícil. En el ámbito socioeconómico, los usuarios a menudo quedan reducidos a «consumidores», sometidos a intereses privados concentrados en manos de unos pocos. A partir de los rastros digitales diseminados en Internet, los algoritmos sacan datos que consienten controlar nuestros hábitos mentales y relacionales para fines comerciales o políticos, a menudo sin que lo sepamos. Esta asimetría, por la que unos pocos saben todo de nosotros, mientras que nosotros no sabemos nada de ellos, adormece el pensamiento crítico y el ejercicio consciente de la libertad. Las desigualdades se amplifican desmesuradamente, el conocimiento y la riqueza se acumulan en pocas manos, con graves riesgos para las sociedades democráticas. Sin embargo, estos peligros no deben ocultarnos el gran potencial que ofrecen las nuevas tecnologías. Estamos ante un don de Dios, es decir, ante un recurso que puede dar frutos de bien".

En este breve texto Francisco hace un equilibrio difícil y ponderado sobre los aspectos positivos y negativos de la época que está alumbrando. Si bien lo positivo parece más breve, en realidad es muy fuerte lo que afirma el Papa y, aunque parezca obvio, muy cristiano. Habla de las "nuevas tecnologías" no con recelo o temor, sino calificándolas de "don de Dios", como "recurso que puede dar frutos de bien". Decir que la tecnología es un don de Dios tiene abundantes repercusiones teológicas. Implica reconocer, por ejemplo, que su desarrollo forma parte de la providencia ordinaria de Dios. Dicho mal y pronto, significa que los hombres no nos "hemos salido de vereda y rebelado contra Dios", sino que, quizá de forma inconsciente, en realidad estamos cooperando con el plan de Dios, expresado magistralmente en el libro del *Génesis*, a través del desarrollo de la ciencia y la tecnología.

Esta percepción es la mar de positiva, y permite hacer nuestro –en la línea de lo señalado más arriba según el pensamiento de san Pablo– todo ese bagaje científico-tecnológico. Esto nos permite no sentirnos ajenos o incómodos frente al progresivo desarrollo de ciencia, sino sus protagonistas y primeros beneficiarios. Es decir, en el mundo tecnológico, como cristianos, estamos en nuestra casa, somos ciudadanos de esta civilización adelantada y no un pegote artificial a ella.

Ciertamente, Francisco no es ingenuo, ni está ciego ante los desafíos que plantea el vertiginoso progreso tecno-científico. En este sentido es interesante y plenamente actual la denuncia de la "asimetría por la cual unos pocos saben todo de nosotros, mientras que nosotros no sabemos nada de ellos", y cómo ello afecta al consumo y a la política, convirtiéndonos en objetos de mercado o manipulables títeres políticos. Puede verse una muestra de ello en el documental de Netflix: "El dilema de las redes sociales".

Muy en su línea y, en este aspecto de acuerdo con la distopía presentada por Yuval Noah Harari[16], llama la atención sobre las diferencias sociales que ya está creando el desarrollo tecnológico, cuya brecha tiende a hacerse más amplia en la medida en que avanza la tecnología. Todo el proyecto del *tranhumanismo*, ya sea

---

16. Véase su distopía, *21 lecciones para el siglo XXI*, la parte I: *El desafío tecnológico*.

biológico-genético o biónico, parece predecir la generación de diferentes castas de humanos. Las diferencias ya no serán solamente sociales o económicas, sino biológicas o técnicas, de hacerse realidad esta distopía y si se ignora el llamado del Papa.

> "Las ciencias biológicas se sirven cada vez más de los dispositivos posibles gracias a la «inteligencia artificial». Este hecho conlleva cambios profundos en la forma de interpretar y gestionar los seres vivos y las características propias de la vida humana, que estamos comprometidos a proteger y promover, no sólo en su dimensión *biológica* constitutiva, sino también en su irreductible calidad *biográfica*. La correlación e integración entre la vida viviente y la vida vivida no pueden obviarse en beneficio de un simple cálculo ideológico del rendimiento funcional y de los costos sostenibles. Los interrogantes éticos que surgen de la forma en que los nuevos dispositivos pueden —precisamente— "disponer" del nacimiento y el destino de las personas requieren un esfuerzo renovado en pro de la calidad humana de la entera historia comunitaria de la vida".

Muy profunda es la observación de Francisco, al distinguir entre "la vida viviente y la vida vivida", entre biología y "biografía". Precisamente eso es una de las cosas que nos caracteriza como personas y nos distingue del mundo animal o vegetal: no el simple vivir, no sólo el evolucionista afán de supervivencia, sino el tener una historia, un pasado, un futuro, unos ideales. Al mismo tiempo, muy discretamente, cuestiona la oportunidad de algunos de los avances contemporáneos, por ejemplo, la fecundación artificial, que permite mandar a hacer "niños a la carta", con unas características determinadas por los padres antes de la fecundación. Otro de los avances que veladamente cuestiona el Papa, es el mal uso que se le puede dar a la información contenida en nuestro ADN, y que podría ser utilizada para discriminar en empresas o compañías de seguros; determinando al hombre por su carga biológica, sin atender al desarrollo de su libertad.

"Como creyentes, no tenemos nociones preestablecidas con las que responder a las preguntas sin precedentes que la historia hoy nos plantea. Nuestra tarea es, más bien, caminar junto con los demás, escuchando atentamente y poniendo en contacto la experiencia y la reflexión. Debemos dejarnos interpelar como creyentes, para que la Palabra y la Tradición de la fe nos ayuden a interpretar los fenómenos de nuestro mundo, identificando caminos de humanización, y por tanto de evangelización amorosa, para recorrerlos juntos. Así podremos dialogar provechosamente con todos aquellos que buscan el desarrollo humano, manteniendo a la persona en todas sus dimensiones, incluidas las espirituales, en el centro del conocimiento y las prácticas sociales. Nos enfrentamos a una tarea que involucra a la familia humana en su totalidad".

Resulta muy realista la observación papal. La fe no nos proporciona respuestas prefabricadas, reconoce la autonomía y bondad del ámbito científico. Al mismo tiempo observa que la situación actual nos enfrenta "a preguntas sin precedentes". Es algo absolutamente novedoso lo que está viviendo hoy por hoy la humanidad, estremece percibir todo lo que está en juego. ¿Se trata del fin del *homo sapiens*, como propugnan los defensores del transhumanismo y posthumanismo? El Papa, prudentemente, nos invita a una labor de discernimiento, a base de poner en contacto la experiencia —singularmente novedosa— y la reflexión. Pero no cualquier reflexión, o una reflexión imposiblemente aséptica, sin puntos de referencia. Por el contrario, se trata de meditar la experiencia vital desde la fe, de forma que "la Palabra y la Tradición nos ayuden a interpretar los fenómenos de nuestro mundo". Eso es precisamente labor de la Teología, leer a la luz de la fe, alimentada por la Palabra y la Tradición, *los signos de los tiempos*, en expresión evangélica (cfr. *Mateo* 16, 1-4 y *Lucas* 12, 54-56). Una lanza en ese sentido, quiere ofrecerla el presente ensayo.

El Papa identifica, en la línea de lo señalado más arriba por la *Constitución Pastoral Gaudium et Spes*, la "humanización" y la "evangelización". Esta última es piedra de toque para obtener una verdadera "humanización" y por lo tanto sirve de criba para discernir cuales, entre los avances científico-tecnológicos, son compatibles con la dignidad humana. En este contexto, el Papa reivindica la responsabilidad de mantener "a la persona en todas sus dimensiones, incluidas las espirituales, el en centro del conocimiento y las prácticas sociales". Es decir, el Pontífice invita a realizar un esfuerzo por humanizar la ciencia y la técnica, y no que ellas nos deshumanicen. Se enfrenta así, frontalmente, al proyecto transhumanista o posthumanista. A diferencia de estos dos últimos, el Papa considera, implícitamente, que sí le debemos una lealtad a nuestra naturaleza, como don recibido de Dios, y que no debemos descartarla como superada e inservible por el proyecto "Humano 2.0".

> "A la luz de lo que se ha dicho, no es suficiente la simple educación en el uso correcto de las nuevas tecnologías que no son, efectivamente, instrumentos «neutrales» porque, como hemos visto, modelan el mundo y comprometen a las conciencias en el ámbito de los valores. Hace falta una acción educativa más amplia. Necesitamos madurar motivaciones fuertes para perseverar en la búsqueda del bien común, incluso cuando de ella no se derive un beneficio inmediato. Existe una dimensión política en la producción y el uso de la llamada «inteligencia artificial», que no atañe solamente a la distribución de sus ventajas individuales y abstractamente funcionales. En otras palabras: no basta simplemente confiar en la sensibilidad moral de quienes investigan y proyectan dispositivos y algoritmos, sino que es necesario crear organismos sociales intermedios que garanticen que esté representada la sensibilidad ética de los usuarios y de los educadores".

Francisco sabe muy bien que la ciencia y la tecnología, como han puesto en evidencia los filósofos de la ciencia contemporáneos, han tenido en la historia, y tienen actualmente, muchas "servidumbres ideológicas". Así, por ejemplo, la carrera espacial sirvió para manifestar la superioridad del occidente desarrollado sobre el mundo comunista. El desarrollo de la tecnología ha ido más en la línea de evitar la fecundación, que en la de resolver los problemas que la impiden, la técnica actualmente, está enfocada a cambiar de sexo a los niños, y no a resolver los problemas psíquicos y sociales que provocan el deseo de cambiar de sexo, y la lista podría seguir alargándose indefinidamente. La ciencia no es inmune a la política ni a la historia, baste pensar en el desarrollo de la "ciencia comunista", con sus selectivas exclusiones, sobre todo en el ámbito de la biología y la genética, o la "ciencia nazi", empeñada en fundamentar la superioridad de la raza aria. La ciencia también vive de la aceptación social y sucumbe muchas veces a la presión social; en definitiva, no es aséptica, no constituye un saber absolutamente aislado e independiente.

También Francisco señala el dilema al que se enfrenta con frecuencia la acción política, de decantarse por la inmediatez del éxito aparente, no por el bien común, de espectro más amplio, pero que se distancia en el tiempo su consecución: "Necesitamos madurar motivaciones fuertes para perseverar en la búsqueda del bien común, incluso cuando de ella no se derive un beneficio inmediato". La política muchas veces carece de ellas, porque vive de la inmediatez, del impacto, del voto inconsciente que no ve muchas veces más allá de sus narices. En ese sentido, no son pocos los pensadores –como veremos más adelante– que recelan de la democracia como medio para alcanzar un mundo mejor, pues es muy susceptible de manipulación y de ceguera a largo plazo.

El Papa pone en evidencia que "existe una dimensión política en la producción y el uso de la llamada «inteligencia artificial»". Por este motivo resulta necesario moderarla, conducirla, encaminarla, no dejarse simplemente arrollar por su aplastante éxito. Y señala algo muy obvio, pero que pocas veces se percibe: una cosa es la habilidad científico-tecnológica, y otra la ético-política. Ambas se requieren mutuamente, pero es necesario que lo científico-tecnológico, sea regulado por las leyes, para que juegue a favor de la ética y, en definitiva, de la persona humana. Sólo de esa forma no sacrificaremos a la persona en el altar del progreso.

"Son muchas las herramientas que intervienen en el proceso de elaboración de los aparatos tecnológicos (investigación, diseño, producción, distribución, uso individual y colectivo), y cada una de ellas implica una responsabilidad específica. Se entrevé una nueva frontera que podríamos llamar «algor-ética»... Su objetivo es asegurar una verificación competente y compartida de los procesos con los que se integran en nuestra era las relaciones entre los seres humanos y las máquinas. En la búsqueda común de estos objetivos, los principios de la Doctrina Social de la Iglesia brindan una contribución decisiva: dignidad de la persona, justicia, subsidiariedad y solidaridad. Expresan el compromiso de ponerse al servicio de cada persona en su totalidad y de todas las personas, sin discriminación ni exclusión".

Los principios de la *Doctrina Social de la Iglesia* pueden muy bien iluminar el camino para obtener una «algor-ética», que permita una sana relación de la persona humana con los frutos de su creación: con las máquinas, los robots, los algoritmos que controlan el desarrollo de la sociedad. De esta forma, la ética debe estar presente en cada parte del proceso creativo del saber científico, que no es autónomo a la moral, sino que, por su repercusión y responsabilidad, la requiere de una manera más urgente. De esta forma, el progreso científico se pondrá realmente al servicio "de cada persona en su totalidad —alma y cuerpo— y de todas las personas, sin discriminación ni exclusión".

"La «algor-ética» podrá ser un puente para que los principios se inscriban concretamente en las tecnologías digitales, mediante un diálogo transdisciplinario eficaz. Además, en el encuentro entre diferentes visiones del mundo, los derechos humanos constituyen un punto de convergencia importante para la búsqueda de un terreno común. En el momento actual, sin embargo, parece necesaria una reflexión actualizada sobre los derechos y deberes en este ámbito. En efecto, la profundidad y la aceleración de las transformaciones de la era digital plantean problemas inesperados que imponen nuevas condiciones al *ethos* individual y colectivo… las tres coordenadas fundamentales para caminar [son]: la ética, la educación y el derecho".

Muchas veces, en el diálogo entre ciencia, filosofía y religión, la palabra clave es "interdisciplinariedad". En el delicado momento histórico en el que vivimos, donde los saberes científico-tecnológicos avanzan a velocidades vertiginosas, y se desmarcan así de sus complementos necesarios: la ética y la ley, que avanzan a un modo más discreto, se necesita un esfuerzo consciente por conseguir esta interdisciplinariedad o, como prefiere nombrarla Francisco: transdisciplinariedad. Es decir, que todos los saberes llamados en causa, se sienten a dialogar serenamente sobre el sentido y la finalidad de los avances científicos. El Papa subraya que, para caminar juntos, es necesario que la ciencia y la técnica se dejen complementar o enriquecer por la ética, la educación y el derecho. De esta forma, se doma el irrefrenable deseo del "saber por el saber", y se encauza de forma que sea "saber para la persona humana y su casa común". El terreno común al que debe arribar este fecundo diálogo, es la protección y el fomento de los derechos humanos y el cuidado ecológico del planeta.

Rome Call for AI Ethics

Aunque no se trata de un documento propiamente magisterial, a los redactores de este texto se dirigía Francisco en la alocución apenas comentada. Representa un primer paso firme de la Santa Sede para adentrarse en el universo de la Inteligencia Artificial, haciendo sinergia con importantes representantes del mundo de la tecnología, así como de la política. En su segunda edición va a unir fuerzas también con judíos y musulmanes, siendo la preocupación por la ética de la inteligencia artificial común a las tres religiones monoteístas, y un importante campo para el diálogo interreligioso. Cómo se puede observar, la palabra clave para enfrentar el desafío de la inteligencia artificial es "sinergia".

El documento *Rome Call for AI Ethics*, fue presentado en el Vaticano el 28 de febrero del 2020, es decir, con la pandemia del COVID-19 ya inminente. Los firmantes fueron: El arzobispo Vicenzo Paglia, Presidente de la Pontificia Academia de la Vida; el Dr. Brad Smith, Presidente de *Microsoft*; el Dr. John Kelly III, Vicepresidente ejecutivo de *IBM*; el Dr. Dongyu Qu, Ministro Director-General de la *FAO* y la Dra. Paola Pisano, Ministra de Innovación Italiana. A continuación, voy a realizar una breve paráfrasis del texto, pues es bastante claro y sugerente en sí mismo, invitando a su directa lectura en inglés, idioma en el que ha sido redactado[17].

El documento está dividido en cinco apartados, más una propuesta de seis reglas para una ética de la Inteligencia Artificial como conclusión, por lo que tiene un carácter práctico, que invita a la acción y no se queda en una mera declaración de principios.

La primera parte es la presentación, donde plantea el objetivo del trabajo: "promover una aproximación ética a la IA". En ella invita a "hacer sinergia para que en un futuro el desarrollo tecnológico no pierda de vista la centralidad del hombre". Promoviendo la «algor-*ética*» los firmantes se comprometen a que el desarrollo de la IA sirva a cada ser humano y a la humanidad en su conjunto. Ésta –la inteligencia artificial– respeta la dignidad de cada individuo, de manera que cada persona se pueda beneficiar de los avances de la tecnología. Por tanto, la IA no tiene como único objetivo

---

17. Vid. https://www.romecall.org/ Revisado el 31-VII-2023.

generar un mayor enriquecimiento o la gradual sustitución de la gente por las máquinas en el mundo del trabajo. Es decir, desligan a la Inteligencia Artificial de la 4ª Revolución Industrial.

La segunda parte es la introducción, más extensa que la presentación, donde se señalan los siguientes puntos: "La IA está produciendo profundos cambios en nuestras vidas y continuará haciéndolo". Es una realidad, está aquí y no lo podemos evitar. El tema consiste en encauzar esos cambios, pues afectan el modo en que percibimos la realidad y la naturaleza humana en sí misma. Puede influenciar nuestros hábitos mentales e interpersonales. Por tanto, "la nueva tecnología debe desarrollarse de forma que beneficie a la entera familia humana, respetando la dignidad de cada uno de sus miembros y del entero hábitat humano u entorno ecológico. Debe tomar en cuenta las necesidades de los más vulnerables".

"Esta llamada está dirigida a crecer en un común entendimiento. Tenemos que reconocer y aceptar las comunes responsabilidades a tomar en cuenta en el entero proceso de innovación tecnológica, desde su diseño hasta su uso en diferentes escenarios… La idea es dar pasos en orden al que la IA beneficie a la humanidad y al medio ambiente". Claramente, el objetivo es magnánimo: se trata de: "promover una visión en la que los seres humanos y la naturaleza son el corazón, el porqué del desarrollo de la IA". Podríamos decir, se trata de ofrecer un nuevo humanismo tecnológico; disolver la aparente contraposición entre humanismo y tecnología, que desembocaría en el transhumanismo o posthumanismo, para alcanzar una síntesis madura de ambos. Ello requiere una gran disciplina mental y laboral, saber discernir en cada momento en qué ámbito nos estamos moviendo, si en el de los medios o en el de los fines.

El cuerpo del texto está conformado por tres llamados, o tres rubros a trabajar en común para elaborar la *Algor-ética*. El primero, obviamente, es la ética, pero a ella se unen el derecho y la educación.

En el ámbito ético se afirma que "los sistemas de IA deben ser hechos de forma que respeten la libertad y dignidad del ser humano". Para ello deben evitar, por parte de los diferentes algoritmos, "los sesgos de raza, color, religión, sexo, etc." Aún más, "todos los sistemas deben ser concebidos, diseñados e implementados para servir y proteger a los seres humanos y el medio ambiente". Es decir, reconocen su calidad de medios para servir a esos dos fines precisos: la persona humana y su entorno, la ecología.

En orden a conseguir que el avance tecnológico se alinee con el verdadero progreso de la raza humana y el respeto del planeta, se establecen una serie de requerimientos:

- Ninguna discriminación contra algún ser humano.
- Debe buscar el bien de todo ser humano.
- Debe tener en su corazón el bien de la humanidad y de cada ser humano.
- Debe tender al cuidado del planeta.
- En el futuro deberá ayudar a producir alimentos de modo sustentable.
- Cada persona debe ser consciente de que está interactuando con una máquina.
- No debe ser usada para explotar a la gente de ninguna forma, especialmente a los más vulnerables.
- Debe servir para que la gente desarrolle sus habilidades y para "soportar al planeta".

Aunque en apariencia son muchos los requerimientos, e incluso reiterativos, el desafío ético podría resumirse en no olvidar que la Inteligencia Artificial es un medio, cuyo fin es el bienestar y desarrollo de la humanidad –humanismo– y el cuidado de la casa común –ecología–. Humanismo y ecología son los fines, el medio la IA; si esto se respeta escrupulosamente, hemos conseguido elaborar una ética de la Inteligencia Artificial.

El segundo pilar del documento lo constituye la educación. Es lógico que sea así, pues de lo que se trata primordialmente es de "construir el futuro con y para las jóvenes generaciones", lo cual supone, inevitablemente, un desafío educativo. Para lograrlo, el documento afirma que "debe ser garantizado el acceso universal a la educación, también tecnológica". Y, en una línea que nos recuerda vivamente el pensamiento de Francisco respecto a la "cultura del descarte", propone: "el acceso a la tecnología también debe ser garantizado para los ancianos. Estas tecnologías son enormemente útiles para los que tienen discapacidades, para aprender y convertirse en más independientes". De esta manera la IA "puede servir para integrar a cada persona, ofreciendo más oportunidades de participación social". El eslogan de la educación debe ser: "que nadie se quede atrás"; y el objetivo principal de esta educación debe ser "tomar conciencia de las posibilidades y los peligros de la IA, desde la perspectiva de la inclusión social y el respeto individual".

El último peldaño de este proceso para conseguir realizar la *Algor-ética* es el derecho. Los derechos suponen la elaboración de "regulaciones y principios que protejan a la gente, especialmente a los más débiles y al ambiente". También debe encauzar esfuerzos para construir la paz.

"En orden a que la IA actúe como herramienta para el bien de la humanidad y del planeta, tenemos que poner el tópico de la protección de los derechos humanos en la era digital en el centro del debate público". Lo cual implica un esfuerzo por "salir del laboratorio", para interactuar con nuestros semejantes y discutir de qué manera el progreso tecnológico custodia y protege los derechos humanos. Nuevamente, ahora por la vía del derecho, se trata de tender un puente entre el humanismo y la tecnología, y no sacrificar el primero en el altar de la segunda.

"En particular, tenemos el «deber de la explicación». Tenemos que pensar no solamente en los criterios de toma de decisión de la IA basada en agentes algorítmicos comprensibles, sino también sus propósitos y objetivos". "Para alcanzar estos objetivos necesitamos trabajar desde el verdadero inicio en cada algoritmo, desarrollándolo con una visión *«algor-ética»*, es decir, una aproximación de la ética por diseño".

Por último, viene el apartado más práctico, las conclusiones, las cuales proponen unas líneas de acción concretas. La *Algor-ética*, o el uso ético de la IA, está definido por los siguientes principios:

1. Transparencia. En principio, todos los sistemas deben ser explicables.
2. Inclusión. La necesidad de que todos los seres humanos sean tomados en consideración.
3. Responsabilidad. De los que diseñan y desarrollan los sistemas de IA.
4. Imparcialidad.
5. Confiabilidad.
6. Seguridad y privacidad.

Tres años después, ya finalizada la pandemia, tuvo lugar un segundo evento, para discutir y confirmar los puntos propuestos en el "Llamado de Roma para la Ética de la Inteligencia Artificial". El 10 de enero del 2023 se realizó el encuentro denominado: "Ética IA: un compromiso abrahámico con el llamado de Roma", organizado en esta ocasión por la *Pontificia Academia para la Vida*, pero también por el *Gran Rabinato de Israel* y el *Foro para la Paz de Abu Dhabi*.

En esta ocasión, Monseñor Vicenzo Paglia afirmó: "Nos hemos reunido con nuestros hermanos judíos y musulmanes en un evento de gran importancia para llamar al mundo a pensar y actuar en nombre de la fraternidad y la paz, incluso en el campo de la tecnología. La firma del Llamado de Roma por parte de los líderes religiosos judíos y musulmanes y el llamado conjunto a la *algoretica* para guiar el diseño de la inteligencia artificial se refieren precisamente a la necesidad cada vez más urgente de construir caminos de paz, respeto mutuo, diálogo y comunidad".

Por su parte, el Gran Rabino Eliezer Simha Weisz, dijo: "El judaísmo ensalza la sabiduría de la humanidad, creada a la Divina Imagen de Dios, manifestada generalmente en la innovación humana y en la Inteligencia Artificial en particular... Se nos ordena bendecir tal esfuerzo... Sin embargo, al mismo tiempo debe haber una tensión creativa entre la creatividad humana y la guía moral que fluye de nuestra conexión con el Creador del Universo, la Fuente de toda sabiduría; pues sin ella, se pone en peligro la singularidad y vocación de la persona humana creada a imagen divina, y se pone en peligro existencial a la humanidad en general".

Finalmente, por la parte musulmana, SE Sheikh Al Mahfoudh Bin Bayyah declaró: "Las religiones, en esencia, buscan asegurar la felicidad del hombre tanto en este mundo como en el más allá. Por lo tanto, nos instan a buscar sus medios de actualización. En este sentido, la religión del Islam fomenta la adquisición de conocimientos, buscando una comprensión del universo y un aumento perpetuo en el aprendizaje. El Sagrado Corán dice: «Di: 'Señor mío, increméntame en conocimiento'». El conocimiento del cual buscamos un aumento incluye tanto el conocimiento religioso como el mundano, que es la base de una sociedad exitosa, tanto espiritual como materialmente".

La "Declaración conjunta" firmada por las tres entidades organizadoras, subrayó, entre otros, los siguientes puntos: el 80% de la población mundial declara tener una religión, por lo tanto, la aportación de las religiones es importante para configurar el mundo de hoy y el del mañana. Sobre el papel que juegan las religiones en la elaboración de la *algorética*, señala lo siguiente: "Los líderes religiosos, los especialistas en ética y los teólogos tienen un papel esencial que desempeñar en este esfuerzo. Las religiones sirven para colocar la dignidad inherente al ser humano, como algo dado por Dios, en el corazón de las relaciones sociales y el desarrollo. Sus enfoques éticos no son utilitarios, sino absolutos: buscamos el florecimiento humano porque nos lo ordena nuestro Creador. Buscamos el bienestar de los más vulnerables porque en cada individuo, por débil que sea, está el Espíritu de Dios".

El texto incide también en la importancia de trabajar juntos en este proyecto de trascendencia histórica: "Las tres religiones de la familia abrahámica, compartiendo valores éticos básicos, derivados de su historia y desarrollo, deben buscar oportunidades para trabajar en conjunto por una visión ética de un mundo cambiado por la IA".

En el encuentro tenido en Roma, los representantes de las tres grandes religiones monoteístas deliberaron sobre:

1. La necesidad de la libertad religiosa en la promoción del florecimiento humano.
2. El requisito de un enfoque ético de las oportunidades que presenta la IA.
3. Las complejidades de la IA y los desafíos de su regulación internacional.
4. Las vitales contribuciones de los líderes religiosos para una política que funcione bien y un buen gobierno.
5. Nuestra preocupación común por los más vulnerables de nuestras sociedades y el requisito de equidad en el desarrollo económico y tecnológico.
6. Las oportunidades para la cooperación interreligiosa en el desarrollo de marcos éticos para AI.

El documento hace suyas las líneas de acción propuestas por el pasado *Rome Call for AI Ethics* del 2020, y declara para finalizar: "Afirmamos nuestro papel, como líderes y representantes religiosos y políticos, para construir y defender el principio de dignidad humana, libertad, «algor-ética», protección de los vulnerables y del bien común… Proponemos la creación de una alianza entre empresas tecnológicas y líderes que representen a la mayor parte de las tradiciones religiosas y éticas del mundo". Es decir, desean promover una relación viva entre las religiones y la tecnología para el bien común de la humanidad.

Consejo de Conferencias Episcopales de Europa

La *Comisión de las Conferencias Episcopales de la Unión Europea* ha manifestado también su opinión, respecto al tema que estamos tratando, más específicamente sobre el desafío de la "robotización de la vida". El texto de las Conferencias Episcopales Europeas en realidad es una reacción a la decisión del Parlamento Europeo de conceder el estatuto jurídico de "Persona Electrónica" a los robots con cierta autonomía de acción y capacidad de interactuar con terceras personas. Se trata de otro nivel de Magisterio, no es el magisterio papal, pero sí el de los obispos en comunión con el Papa. Opinión que se manifiesta especialmente relevante en nuestro tema, por reflexionar sobre las diferencias entre un robot y un ser humano[18].

En su documento: "Robotisation of Life. Ethics in view of new challenges", del 4-II-2019, reflexiona sobre el desarrollo de la robótica y sus implicaciones sociales y antropológicas. Es particularmente relevante, porque la Unión Europea, junto con Australia, va a la vanguardia en todo lo referente a la regulación de los nuevos avances tecnológicos; digamos que es uno de los lugares del planeta donde el derecho va menos a la zaga de la tecnología.

---

18. Este parágrafo se basa en el siguiente documento: https://www.comece.eu/wp-content/uploads/sites/2/2022/04/20190204-Robotization-of-Life-Ethics-in-view-of-new-challenges.pdf Revisado el 21-V-2023.

El texto revierte de particular interés, nos ofrece, por ejemplo, los elementos que componen a un robot: "un sensor, que obtiene información del entorno, un procesador que procesa esa información, y un efector, que interactúa con el ambiente circundante". Señala además que "es necesario un análisis ético sobre el impacto de la robotización en los individuos y en la sociedad".

Pero ¿por qué se ha desarrollado tanto la robótica? El texto señala algunas causas:

a) Superan en rapidez y precisión a los humanos, especialmente en la toma de decisiones y en la regulación de procesos.

b) Minimizan los costos de producción y trabajo.

c) Reducen los peligros a los que los trabajadores están expuestos, especialmente la policía y los militares.

d) Son especialmente eficaces en el reconocimiento y detección de enfermedades; pueden remediar disfunciones físicas por medio de exoesqueletos y prótesis biónicas.

e) Está vinculada, ideológicamente, a las utopías –que quizá ya no lo son tanto– de Trans-humanos y Post-humanos.

Agudamente señala el documento, que "la robotización se realiza en el contexto de una crisis antropológica", caracterizada por el "cuestionamiento radical sobre la identidad y verdadera realidad de la persona humana". La crisis se muestra así más peligrosa, pues surge en el momento en que se comienzan a resquebrajar las seguridades del humanismo clásico, y todo lo que este lleva consigo: derechos humanos, naturaleza humana, etc. Nuestra crisis de identidad converge con la irrupción de la robótica.

En esta diatriba antropológico-tecnológica, ¿cuáles serían los principales temas éticos a considerar? En primer lugar, y en la línea de todo el magisterio precedente y posterior, se debe colocar la "Primacía de la persona y el reconocimiento de la dignidad humana". El documento señala una paradoja: "a mayor dominio de la naturaleza por las máquinas, corresponde un menor control sobre la máquina". Esto produce una "sensación de falta de control". La respuesta a esa falta de control no deja de resultar curiosa, pues sugiere: "extender el principio de «buenas relaciones» con otros seres vivos a los robots".

El texto profundiza en la noción de "creaturalidad". Subraya el hecho de que "la máquina no es propiamente un agente moral, y la última responsabilidad cae sobre los humanos que la programan". El peligro de atribuirle una cierta personalidad jurídica a una máquina es diluir la noción de responsabilidad, no sabiéndose finalmente a quién atribuir la responsabilidad de los hechos. Un ejemplo de ello, podrían ser los autos autónomos. Si atropellan a alguien, ¿quién es el responsable? ¿El auto? ¿El dueño? ¿El constructor? ¿El programador? ¿Nadie?

Por eso, sugieren los obispos europeos, es el principio de la dignidad humana el que controla las relaciones entre el hombre y la máquina. La persona humana es la responsable de dar orden y significado a lo creado por ella misma. En ese sentido, la tarea de la persona humana es cuidar de lo creado, preservar y cultivar –como diría el *Génesis*–, no idealizar lo creado, menos lo creado por ella misma, como los robots, los programas o la IA.

Los obispos invitan a tener una "actitud de confianza de entrada frente a la ciencia y la tecnología", es decir, no recelar de ellas. Pero, eso no significa considerar a un robot como persona, precisamente porque solo puede seguir los procedimientos para los que fue programado por una persona real. En este punto la *Comisión de las Conferencias Episcopales de la Unión Europea* choca con el *Parlamento Europeo*, quien considera a los robots más sofisticados y autónomos capaces de recibir el estatus de "personas electrónicas"[19].

---

19. European Parliament, *Resolution on Civil Law Rules on Robotic*, 2017. Cfr. https://www.europarl.europa.eu/RegData/etudes/STUD/2016/571379/IPOL_STU(2016)571379_EN.pdf revisado el 21-V-2023.

La "personalidad electrónica" entra en juego "cuando los robots toman decisiones autónomas o interactúan con terceros independientemente". Para los obispos europeos resulta poco convincente esta extensión de la "personalidad". Las causas son las siguientes: "la responsabilidad solo puede existir si existe la capacidad de la libertad, y la libertad es más que autonomía". La consecuencia de conceder personalidad a los robots es de amplio respiro, es decir, de una trascendencia incalculable, pues supone "romper la frontera entre los humanos y las máquinas, entre vivientes e inertes, entre lo humano y lo inhumano". Sucede algo análogo a cuando la noción de "matrimonio" se amplía para que quepan en ella todo tipo de uniones. Se vacía de contenido. Lo mismo sucedería a la noción de "persona" una de las piedras miliares de la cultura humana, se vaciaría de contenido, pudiendo extenderse a las máquinas y de ahí a los animales.

El documento se plantea la causa de que la robotización revista de particular interés para la sociedad contemporánea. En este sentido, la pregunta obligatoria es: "¿cómo cambiará el futuro del trabajo?" Es preciso reflexionar sobre el mercado laboral y el impacto de la robotización, partiendo del punto firme de que la persona humana tiene derecho a realizar un trabajo con el cual ganarse la vida. Sin embargo, el desarrollo masivo de la robotización profetiza lo que se conoce como "la Cuarta Revolución Industrial, donde los robots reemplazan a los humanos". En su sentido radical y duro, esta "cuarta revolución industrial" termina por resultar anticristiana e inhumana. Los obispos, sin embargo, analizan sus ventajas y desventajas. Por un lado, la presencia laboral de los robots "minimiza la exposición del hombre a trabajos peligrosos o inhumanos". La desventaja a corto plazo, según los obispos es que "los trabajos sencillos desaparecerán".

Los obispos se preguntan también, dentro de este marco: "¿cómo la justicia social y el bien común se convierten en criterios decisivos?" Señalan que "las desigualdades e injusticias han crecido, cabe preguntarse ¿cuánto contribuirá la robotización a acentuarlas aún más?" Observan que "la visión cristiana de la solidaridad puede suavizar el impacto de la robotización en la sociedad". La pregunta que queda en el aire es: "¿en qué medida?" No es fácil ser optimista en este rubro, han pasado más de 130 años desde que se comenzó a elaborar el corpus de la Doctrina Social de la Iglesia, y no se ve que ésta haya impactado demasiado en la sociedad. Sería injusto e inexacto decir que no ha influido nada, pero también es cierto que estamos muy lejos de alcanzar la "civilización del amor" que preconizaba san Juan Pablo II.

Como señalan los obispos europeos: "la idea del bien común no es abstracta, sino que toma carne de la percepción de las necesidades y expectativas de las personas y los grupos que poseen derechos y deberes". Por lo tanto, todavía es necesario "un diálogo y debate sobre las intenciones, aplicaciones y consecuencias de la robotización". En otras palabras, más coloquialmente se podría decir que hay que andarse con cuidado y avanzar con pies de plomo, lo cual va en contra de la inercia vertiginosa de los avances en robótica.

¿Cuáles son las conclusiones a las que arriban los obispos europeos? Son pocas, pero muy claras, y deberían ser normativas para el desarrollo de la robótica:

a) Subrayar la primacía de la persona humana, centrada en el reconocimiento de su dignidad personal.

b) Buscar el esencial equilibrio entre el desarrollo tecnológico y el bien común.

c) Superar el esquema utilitarista del costo-beneficio.

d) Promover el desarrollo de una cultura humanista que discierna las conexiones entre ciencia y tecnología, con los aspectos antropológicos, éticos y culturales. Estos principios humanísticos deben tomar en consideración la "rule of law", la justicia social, la solidaridad, la responsabilidad y la transparencia.

Dicasterio para la Comunicación

Recientemente el *Dicasterio para la Comunicación* (Vaticano), ha publicado un interesante documento titulado: "Hacia una nueva presencia. Reflexión pastoral sobre la interacción en las Redes Sociales"[20]. El texto reviste de enorme importancia y actualidad, pues ofrece una guía para adentrarse en "el continente digital", desde una perspectiva de fe. Para ello tiene la clarividencia de señalar tanto las oportunidades como los peligros de meterse en ese mundo, al tiempo que ofrece criterios claros de cómo debe ser la inmersión en el mismo por parte de un cristiano, o una comunidad católica. El discernimiento que proporciona para descubrir qué tipo de participación es auténticamente católica y cuál no, resulta novedoso y útil. Todo el documento se desarrolla –de modo análogo a la encíclica *Fratelli Tutti*– de la mano de la *parábola del Buen Samaritano*, lo cual ayuda a conectar estrechamente la actividad digital con la *Lectio Divina*.

Dos son las líneas estructurales del documento, es decir, las ideas madre que guían la reflexión eclesial sobre las redes sociales: la caridad y la verdad. Es muy bonito contemplar cómo se imbrican naturalmente valores humanos y cristianos de toda la vida,

---

20. Para este breve capítulo vid. https://www.vatican.va/roman_curia/dpc/documents/20230528_dpc-verso-piena-presenza_es.html Revisado el 3-VI-2023. Ya estaba terminado el libro cuando apareció este texto de la Santa Sede (28-V-2023), el cual comenté, con mi pseudónimo "Salvador Fabre" en *Redes Sociales y Evangelización*, publicado el 2-VI-2023 en *Crónica Viva*, Perú: https://www.cronicaviva.com.pe/columna/redes-sociales-y-evangelizacion/ Decidí añadirlo al libro porque el tema resulta pertinente.

con los novedosos desarrollos tecnológicos que han hecho posible la híper-comunicación en nuestro tiempo. El texto muestra cómo las redes sociales forman ya parte de la vida real de las personas, difuminándose la frontera entre lo real y lo virtual, y al hacerlo desembocan de forma natural en el universo de la fe, esencial para la vida. Continente digital y universo de la fe se dan la mano armónicamente en este texto, el cual invita a que se integren en el corazón y la mente de cada persona, a través de la búsqueda de la caridad y la verdad por medio de estos medios tecnológicos.

Es muy agudo en señalar los peligros de una equivocada inserción en las redes sociales: hacerlo desde el vacío espiritual, lo que conlleva cierta superficialidad y banalidad en los contenidos, al mismo tiempo que se corre el peligro de llenar el corazón de informaciones inútiles e incluso agresivas o violentas. Resulta muy sugerente su enérgica advertencia de servirse de las redes sociales, navegando con bandera cristiana, para dividir, enfrentar, oponer… Es decir, todo tipo de uso que se oponga o dificulte la comunión entre las personas. Por el contrario, la identidad auténticamente cristiana, debe buscar directamente la comunión interpersonal, e incluso realizarse desde la comunión eclesial. En este último punto advierte del peligro del aislamiento al que nos expone un excesivo individualismo en las redes sociales, y como sutil y subrepticiamente puede corromperse el genuino interés por compartir algo valioso, para convertirse en un pedestal que nos construimos a nosotros mismos –sirviéndonos tanto de Cristo como de la Iglesia– como "influencers" (o "influentes" como les llama el documento).

El texto propone en cambio una presencia más "sinodal" –etimológicamente 'caminar juntos'–, menos individualista, recordando cómo los discípulos fueron enviados "de dos en dos" a evangelizar, para que realmente sirvamos de altavoz de la presencia de Cristo en las redes, así como de la doctrina de la Iglesia, cuya característica es unir, dialogar, ponerse en los zapatos del otro, comprender, estar cerca, hacerse cargo del que sufre o del que está solo, transmitir un contenido esperanzador, etc.

El documento denuncia acerbamente, cómo las redes a veces se utilizan para dividir y enfrentar a la población, constituyendo así un "ellos y nosotros" que se enfrenta y opone, y que es, a todas luces, dañino. La presencia del cristiano en ese mundo, por el contrario, debe tender a suturar las rupturas, a curar las heridas, y a buscar un auténtico diálogo, no un atrincheramiento desde posiciones ideológicas cerradas, a modo de bastiones infranqueables. Para ser capaces de hacerlo necesitamos "cercanía, compasión y ternura", según el Papa Francisco.

Es audaz al señalar "que la construcción de la unidad comunitaria… será siempre secundaria con respecto a la adhesión a la verdad misma". Es novedoso y contracultural –políticamente incorrecto– subrayar la prioridad de la verdad en el diálogo. Para acceder a ella resulta imprescindible el cultivo del silencio –contemplativo–, la capacidad de escuchar al otro –hecha posible también por el silencio mismo– y, principalmente "reservar un espacio suficiente para el diálogo personal con el Padre y para permanecer en sintonía con el Espíritu Santo". Si no estamos llenos de Dios, ¿qué es lo que transmitiremos en las redes sociales?

Capítulo 2
Opiniones profanas

Ya han quedado asentados todos los elementos que la Teología, en su polifónico coro de voces (Sagrada Escritura, Tradición y Magisterio), puede ofrecer a la reflexión sobre la relación entre fe, ciencia y tecnología. Ahora nos toca escuchar diferentes voces profanas que de alguna forma –a veces directamente– abordan dicha relación. Algunas de esas voces son además "proféticas" porque presintieron, en algún caso hace casi cien años, en otro más de cincuenta, la crisis que estamos viviendo ahora, y ofrecieron su reflexión y sus respuestas ante estos dilemas.

Analizaremos sucesivamente, la voz de cuatro intelectuales: un historiador, Yuval Noah Harari; un teólogo, Romano Guardini; un filósofo, Hans Jonas y, por último, un científico evolucionista, Theodosius Dobzhansky. De esta manera realizamos un esfuerzo de interdisciplinariedad, tan necesaria para presentar a la teología, todos los ángulos de una realidad o un problema.

Yuval Noah Harari

Harari (1976) es, sin duda alguna, uno de los pensadores más influyentes en el mundo actual. Su trilogía *Sapiens, Homo Deus* y

21 lecciones para el siglo XXI, se ha vendido por millones y traducido a más de 40 idiomas.[21] En sus tres obras, aunque especialmente en las últimas dos, ejerce de "futurólogo", proyecta su labor de historiador hacia el futuro: "la historia ética y filosófica del mundo son un relato bastante deprimente de ideas maravillosas y de comportamientos menos que ideales". Realmente resulta devastador el cuadro que presenta, con abundantes datos los cuales parecen sugerir que vamos en esa dirección, hasta el punto de plantearse si no nos estamos acercando "al fin del *homo sapiens*".

En síntesis, ofrece una visión pesimista y fatalista del progreso científico, contraria a la narrativa ilustrada, según la cual la ciencia y la técnica, siempre y necesariamente, nos conducen a un mundo mejor. Por el contrario, en el primer capítulo de *21 lecciones para el siglo XXI*, titulado *El desafío tecnológico*[22], nos previene particularmente contra "la disrupción tecnológica" causada por la combinación de las "revoluciones paralelas en la infotecnología y la biotecnología". Otra de las consecuencias del avance tecnológico sin riendas, según el pensamiento de nuestro autor, es el peligro del "colapso ecológico", pues ni el avance de la tecnología ni el desarrollo de la economía, parecen ir en la línea de evitarlo. Constata, al igual que Francisco, el

21. Para una reseña crítica de los mismos, pueden consultarse: ARROYO, Mario, *Yuval Noah Harari a examen*, en https://teologiaparamillennials.com/2019/03/30/juval-noah-harari-a-examen/ Revisado el 22-V-2023. ARROYO, Mario, *Comentario a 21 lecciones para el siglo XXI*, en https://teologiaparamillennials.com/2019/07/22/comentario-a-21-lecciones-para-el-siglo-xxi/ Revisado el 22-V-2023.

ARROYO, Mario, *El fin de la trilogía de Yuval Noah Harari*, en https://www.ucss.edu.pe/images/fondo-editorial/pdf/suplementos_academicos/fin-trilogia-yuval-noah-mario-arroyo.pdf Revisado el 22-V-2023.

22. Las reflexiones de este apartado están hechas con base en: HARARI, Yuval Noah, *21 lecciones para el siglo XXI*, Parte I. *El desafío tecnológico*, Debate, edición e-Book.

fracaso de las famosas *COP*, o *Convención Marco de las Naciones Unidas sobre el Cambio Climático* y, concluye (ya en la parte II del libro: *El desafío político*), que no puede alcanzarse una solución eficaz sin la existencia de una verdadera y efectiva autoridad mundial.

Todo lo anterior produce "una sensación de desorientación y fatalidad inminente". No debemos olvidar que Harari es uno de los más grandes pensadores ateos contemporáneos. Más que ateo, podría incluírsele en el grupo de los anti-teístas, gustosos de criticar a la religión en cualquiera de sus formas. Harari ridiculiza a las religiones monoteístas de manera pareja, no deja títere con cabeza. Esto hace que su pensamiento, por definición, esté cerrado a la trascendencia y, dada la historia que nos precede, nada nos permite ser optimistas y esperanzados en nuestro futuro. Es un claro ejemplo de cómo la persona humana, abandonada a sus propias fuerzas, sin el concurso de la providencia, desemboca recurrentemente en laberintos sin salida, como el que presenta Harari en su obra.

Propiamente Harari no propone una visión teológica; por el contrario, no la considera un saber auténtico, la ignora, y cuando la cita, para criticarla, muestra un profundo desconocimiento del tema, como cuando habla de la Eucaristía o del diablo. Sin embargo, sí ofrece una aguda reflexión sobre la ciencia y la tecnología, que supera el ámbito de la historia –donde él es experto–, para decantarse en la filosofía. Su crítica a la ciencia y a la tecnología la realiza desde una postura histórico-filosófica.

Dado su punto de partida ateo, su posición es mucho más negativa respecto del progreso humano, comparándola con la del Magisterio de la Iglesia, visto más arriba, o con la del teólogo Romano Guardini, que analizaremos más abajo. Repito de intento, cómo Harari muestra agudamente que un pensamiento de matriz atea puede avocarnos a la desesperanza y al fatalismo. ¿Cómo escapa él de la visión pesimista del futuro? ¿Cómo vivir así? Para él la respuesta es una estricta disciplina vital, el veganismo, la homosexualidad y, particularmente, la meditación *Vipassana*, de matriz religiosa hinduista, que él practica despojada de sus elementos religiosos.

Aunque la síntesis de su pensamiento es oscura, negativa, pesimista —y tal vez en eso encuentra parte de su *charm*, pues se decodifica como una especie de hiperrealismo—, algunas de sus afirmaciones iniciales parecerían ser de signo totalmente contrario.

Para él, "las revoluciones paralelas en la infotecnología y la biotecnología podrían reestructurar no solo las economías, sino también nuestros mismos cuerpo y mente… nos proporcionarán el control de nuestro mundo interior y nos permitirán proyectar y producir vida… En el siglo que viene, la biotecnología y la infotecnología nos proporcionarán el poder de manipular nuestro mundo interior y remodelarnos".

En un desborde de optimismo —claramente expresado antes de la pandemia del COVID-19— nos dice: "Por primera vez en la historia las enfermedades infecciosas matan a menos personas que la vejez, el hambre mata a menos personas que la obesidad y la violencia mata a menos personas que los accidentes". Sin embargo, modera ese aparente optimismo inmediatamente después: "Pero el liberalismo no tiene respuestas obvias a los mayores problemas a los que nos enfrentamos: el colapso ecológico y la disrupción tecnológica".

Harari se da cuenta, al igual que Francisco, de que lo que determina, en la práctica, el rumbo de nuestro mundo es la economía. Francisco hablará de la "idolatría del dinero". Harari simplemente se contenta con constatar cómo la economía define el son según el cual vamos a bailar como humanidad: "El crecimiento económico no salvará al ecosistema global: justo lo contrario, porque es la causa de la crisis ecológica. Y el crecimiento económico no resolverá la disrupción tecnológica: esta se afirma en la invención de tecnologías cada vez más disruptivas".

Hace tímidamente una observación, como futurólogo, con la cual concuerdo plenamente y, sinceramente, espero tenga razón y dé en el clavo: "Las próximas décadas podrían estar caracterizadas por grandes búsquedas espirituales y por la formulación de nuevos modelos sociales y políticos". Somos testigos, particularmente en América, del agotamiento de las instituciones políticas y de la radicalización de los problemas sociales. Urge buscar modelos alternativos pero, sobre todo, es prioritario que crezcamos como personas. Para eso es imprescindible un nuevo movimiento de búsqueda espiritual. La generación actual, en gran medida vacía de Dios, y ya de vuelta de todas las crisis religiosas, puede descubrir que le falta algo y reencontrar o redescubrir su camino hacia la trascendencia, la superación existencial del materialismo metafísico.

Por el momento, sin embargo, Harari reconoce: "Nos hallamos todavía en el momento nihilista de la desilusión y la indignación, después de que la gente haya perdido la fe en los relatos antiguos, pero antes de que haya adoptado uno nuevo". La perspectiva teológica cristiana no va, obviamente, en la línea de la creación de nuevas espiritualidades ateas, en el sentido de André Compte-Sponville, sino en la de redescubrir los antiguos relatos, pero con una mirada nueva, mostrando cómo ofrecen respuestas perennes a las preguntas que anidan en lo más hondo del corazón humano.

Nuestro autor es muy agudo al señalar el agotamiento de los relatos que dotan de sentido a la humanidad, al hacerlo, respeta la más pura ortodoxia del postmodernismo francés, que va en esa línea. Sin embargo, a diferencia de los pensadores franceses postmodernos, presenta las exigentes características que debería tener un nuevo relato, capaz de dotar de sentido a una humanidad que ha perdido la brújula: "Cualquier relato que trate de ganarse a la humanidad será puesto a prueba, por encima de todo, por su capacidad para afrontar las revoluciones paralelas en la infotecnología y la biotecnología... necesitará dar sentido a la inteligencia artificial, a los algoritmos de macrodatos y a la bioingeniería: también tendrá que incorporarlos a una nueva narrativa que tenga significado". En este sentido no podemos sino reconocer que tiene razón. Precisamente en eso estamos, en el esfuerzo por dotar de sentido, de significado, a los avances científicos; pero eso no se puede hacer desde la ciencia misma, se debe recurrir a la filosofía y a la teología, como esta obra pretende hacer.

Una de las características distópicas de su propuesta es la inminente crisis del trabajo y sus consecuencias antropológicas y sociales. "Quizá la revolución tecnológica eche pronto del mercado de trabajo a miles de millones de humanos y cree una nueva y enorme clase inútil, que lleve a revueltas sociales y políticas que ninguna ideología existente sabrá cómo manejar... La amenaza de pérdida de puestos de trabajo... es el resultado de la confluencia de la infotecnología con la biotecnología". Es decir, predice un colapso social y político causado por el avance de la tecnología. Señala también cómo la Inteligencia Artificial va a superar al hombre y a convertirlo en obsoleto en poco tiempo: "Dos capacidades no humanas importantes de la IA son la conectividad y la capacidad de actualización".

El resultado de todo ello es realmente estremecedor: "Si los humanos no se necesitan como productores ni como consumidores, ¿qué amparará su supervivencia física y su bienestar psicológico?" Ante esa grave situación, ofrece dos soluciones posibles, una de matriz capitalista, la otra marxista: "la renta básica universal" o "servicios básicos universales" respectivamente. Eso salvaría nuestra supervivencia, pero vaciaría nuestra vida de sentido. Estaríamos condenados a vivir como mantenidos, dependientes de un estado o estructura todopoderosa en la cual no podemos desempeñar ningún papel. Dejaríamos de ser "ciudadanos" en el sentido original griego, para convertirnos en un ejército de inútiles.

"La Renta Básica Universal propone que los gobiernos graven a los multimillonarios y a las empresas que controlan los algoritmos y los robots, y que utilicen el dinero para pagar a cada persona un salario generoso que cubra sus necesidades básicas". Es decir, no hay opción, no tendremos trabajo, y con ello, careceremos de la capacidad de expresar nuestras capacidades y potencialidades humanas. Caeríamos en la situación que denuncia Francisco: "No existe peor pobreza material, me urge subrayarlo, que la que no permite ganarse el pan y priva de la dignidad del trabajo"[23].

Junto al desempleo masivo, otro peligro para la humanidad, fruto del avance científico-tecnológico, es la aparición de las "dictaduras digitales". En palabras de Harari: "A pesar del peligro del desempleo masivo, aquello que debería preocuparnos mucho más es el paso de la autoridad de los humanos a la de los algoritmos, lo que podría acabar con la poca fe que queda en el relato liberal y abrir el camino a la aparición de dictaduras digitales". Es un paso lógico en la línea del desarrollo tecnológico aplicado a la vida humana. Ya usamos *waze* para llegar al lugar deseado en una ciudad que no conocemos, o en la nuestra propia; algunos utilizan *Tinder* u otras aplicaciones más decentes para encontrar pareja sentimental, la IA tiene gran protagonismo en el mundo de las finanzas, el siguiente paso lógico es que dejemos en sus manos las decisiones políticas. La eficacia de las resoluciones y la ausencia de polémicas inútiles, así como el ahorro estatal en burócratas así lo aconsejan.

---

23. *Discurso del Papa Francisco a la Fundación "Centesimus Annus Pro Pontifice"*, Vaticano, 25-V-2013, https://www.vatican.va/content/francesco/es/speeches/2013/may/documents/papa-francesco_20130525_centesimus-annus-pro-pontifice.html Revisado el 22-V-2023.

Incluso, si se mantuvieran las votaciones, podríamos dejar el ejercicio de votar a una Inteligencia Artificial que nos conozca mejor de lo que nosotros mismos nos conocemos, y que sea impune a manipulaciones de último momento o a cambios de giro puramente emocionales y sin sentido en la labor de elegir a nuestros representantes: "Pronto los algoritmos informáticos podrán aconsejarnos mejor que los sentimientos humanos… Los biólogos están descifrando los misterios del cuerpo humano, y en particular del cerebro y los sentimientos… los informáticos nos proporcionan un poder de procesamiento de datos sin precedentes. Cuando la revolución de la biotecnología se fusione con la revolución de la infotecnología, producirá algoritmos de macrodatos que supervisarán y comprenderán mis sentimientos mucho mejor que yo". Podré, en consecuencia, dejar en sus manos la emisión de mi voto, el cual sería mi más auténtico voto. Hariri es categórico al afirmar: "en su forma actual, la democracia no sobrevivirá a la fusión de la biotecnología y la infotecnología".

Otro tema futurista, que Hariri analiza en clave fatalista, siendo quizá una de las más sugerentes aportaciones de su libro, va en la línea de la igualdad. Para él, "en el siglo XXI podrían surgir las sociedades más desiguales de la historia". "De la misma manera que los algoritmos de los macrodatos podrían acabar con la libertad, podrían al mismo tiempo crear las sociedades más desiguales que jamás hayan existido. Toda la riqueza y todo el poder podrían estar concentrados en manos de una élite minúscula, mientras que la mayoría de la gente sufriría no la explotación, sino algo mucho peor: la irrelevancia".

Harari ofrece un dato que, de ser exacto, resulta absolutamente desolador: "Hoy en día, el 1 por ciento más rico posee la mitad de las riquezas del mundo. Y lo que es aún más alarmante: las 100 personas más ricas poseen más en su conjunto que los 4000 millones de personas más pobres". Pero esa desigualdad económica, en un futuro, puede convertirse en biológica. De modo que la brecha no sea solamente social sino de diferentes especies de humanos y, por lo tanto, insuperable, definitiva. "Las mejoras en biotecnología tal vez posibiliten que la desigualdad económica se traduzca en desigualdad biológica".

"Si los ricos emplean sus capacidades superiores para enriquecerse todavía más, y si con más dinero pueden comprarse un cuerpo y un cerebro mejorados, con el tiempo la brecha no hará más que agrandarse... Los dos procesos juntos, la bioingeniería unida al auge de la IA, podrían por tanto acabar separando a la humanidad en una pequeña clase de superhumanos y una subclase enorme de *Homo sapiens* inútiles ... [produciendo] La división de la humanidad en diferentes castas biológicas o incluso en diferentes especies". Como se ve, el panorama que presenta no es alentador. Tranquiliza, sin embargo, observar que usualmente utiliza la forma condicional "podría", lo que nos da un respiro, pues también "podría no ser así". Creo que todos estamos de acuerdo en que esperemos que se equivoque.

Sin embargo, la pregunta que deja Harari en el aire no puede tomarse con ligereza: "¿cómo nos enfrentamos a los inmensos retos de las revoluciones de la biotecnología y la infotecnología?" El *Llamado de Roma para una Ética de la Inteligencia Artificial*, analizado más arriba, es un primer paso, pero incipiente, en la línea de ofrecer una respuesta a esa pregunta. Ciencia y tecnología avanzan vertiginosamente, la ética y la política se enfrentan al desafío de alcanzar su ritmo. A la sabiduría de la persona humana se le presenta el reto de poder integrar todo ese saber científico-tecnológico, en una unidad más amplia de conocimiento, que lo dote de sentido, significado y finalidad. En definitiva, al progreso científico-tecnológico de la persona humana le corresponde un crecimiento espiritual de la misma, como será el propuesto por el siguiente pensador a analizar, el teólogo Romano Guardini.

Romano Guardini

Romano Guardini (1885-1968) fue uno de los teólogos más importantes del siglo XX. Contribuyó mucho a la reforma litúrgica promovida por el Concilio Vaticano II, de igual forma ha sido uno de los pensadores que más han influido en el pensamiento de los dos últimos Papas, Benedicto XVI y Francisco. Su causa de Beatificación se abrió el 16 de diciembre de 2017.

El texto que vamos a comentar está tomado de su *IX Carta del Lago de Como*, *La técnica y el hombre*, sobre la tecnología y el progreso científico[24]. Como veremos, al tratarse de un pensador cristiano, la visión que tiene sobre el tema es tremendamente positiva, rayando en la ingenuidad. Expresa una gran confianza en la persona humana, así como en sus capacidades espirituales. Como suele suceder a filósofos y teólogos, tiene una mirada de amplio espectro, es decir, una perspectiva con horizonte más vasto, que parece adelantarse al futuro. Por eso, su contribución puede calificarse de "profética", pues a 98 años de distancia –al momento de redactar estas letras– goza de plena actualidad.

Guardini observa, agudamente, que "la técnica cambió las antiguas seguridades, el antiguo mundo y el antiguo hombre". Por el tiempo en que escribe la carta, el "antiguo hombre", que "se volvió un despatriado", es el hombre del siglo XIX. Hay que tomar en cuenta el momento en el cual escribe sus cartas. El final de la Primera Guerra Mundial está reciente, el espectáculo atroz al que llevaron los desarrollos de la técnica bélica resulta muy vivo aún, y ha impuesto una desconfianza definitiva en el ideal ilustrado de racionalidad, manifestándose en diversos movimientos culturales

---

24. GUARDINI, Romano, *Man and Technique, Letters from Lake Como*, from the letter IX, 1925, en: https://inters.org/Guardini-lake-Como Revisado el 22-V-2023.

como el dadaísmo. Quedan aún los epígonos de la realeza, que perderá definitivamente su protagonismo con la Segunda Guerra Mundial. Todavía Europa mantiene amplios imperios y se reparte el pastel del planeta. Pero Guardini tiene ya la clarividencia de que todo eso va a cambiar, gracias al progreso imparable de la ciencia y la técnica. El viejo mundo está condenado a desaparecer y hay que mirar con optimismo el nuevo mundo que se está alumbrando.

Es consciente del impresionante potencial que supone la técnica. En síntesis, él propone que tanto poder debe ser "domado" por una profunda espiritualidad humana. Al crecimiento intempestivo de la técnica, debe correr paralelo un crecimiento espiritual del hombre. Ahora bien, es tal su confianza en la naturaleza humana, que lo considera posible, más incluso, deseable. Por eso afirma: "El mundo de la técnica y sus fuerzas desencadenadas no podrán ser dominadas, sino a través de una nueva actitud que se adapte a ellas y sea proporcionada a ellas".

A tal efecto "el hombre es llamado a proporcionar una nueva base de inteligencia y de libertad, que sean afines a la nueva situación, según su carácter, su estilo y toda su orientación interior". Es decir, las potencias espirituales del hombre, inteligencia y voluntad, o cómo él las menciona, inteligencia y libertad, deben estar a la altura del progreso técnico para poder encaminarlo según un espíritu de sabiduría, de forma que tan amplios poderes se pongan al servicio de la humanidad y no a la inversa.

Contra lo que se suele suponer, es decir, que la religión en general y el cristianismo en particular, recelan de los avances científicos –suposición basada en una falacia muy difundida en tiempos de la Ilustración–, Guardini se muestra particularmente positivo respecto al progreso científico: "No debemos volvernos rígidos contra lo «nuevo» intentando conservar un bello mundo condenado a desaparecer". No admite aquel dicho pesimista de que "cualquier tiempo pasado fue mejor", no da pie a nostalgias del pasado, sino que mira con confianza el futuro, porque confía en la capacidad de la persona humana y toma en cuenta la providencia de Dios, que misteriosamente se enlaza con la historia de los hombres.

Frente a los que recelan de los tiempos que nos ha tocado vivir —no olvidemos que escribe este texto durante una crisis de postguerra—, afirma, con inconfundibles ecos agustinianos: "¡Nosotros mismos somos nuestro tiempo! Estamos en relación con el tiempo como lo estamos con nosotros mismos… y cada uno está en relación con el tiempo según su propia actitud, también consigo mismo". Debemos, por tanto, tener la actitud adecuada, y una actitud de fe, como la que el propone, es positiva, esperanzada, confiada.

Frente a las dudas, de quienes consideran el avance tecnológico como anticristiano, reacciona con firmeza: "No se puede pensar que esta evolución sea anticristiana". Más incluso, sostiene que no puede ser así, precisamente porque "la ciencia, la técnica y todo lo que de ellas deriva, han sido hechas posibles solamente por medio del cristianismo". Podría calificarse, nuevamente, la opinión de Guardini como adelantada a su época. Quien más ha desarrollado esta intuición es Stanley Jaki (1924-2009), doctor en física y en teología, para quien la ciencia en otros contextos diferentes del cristianismo nació muerta:

"¿Por qué la ciencia en el sentido moderno del término —ya que en sentido amplio puede remontarse incluso a la civilización mesopotámica— se desarrolló en un contexto socio-cultural cristiano?, ¿por qué no nació, o si nació no se desarrolló tan ampliamente en otros contextos? Jaki hace un estudio comparativo, llegando a una conclusión que en su formulación tiene algo de odiosa, o de políticamente incorrecta, pero que invita a pensar. Después de estudiar el incipiente desarrollo de la ciencia dentro de las culturas mesopotámica, egipcia, china, hindú, griega, maya y árabe, concluye que en todos estos contextos culturales, sociológicos y religiosos la ciencia nació muerta, o si vivió, al poco tiempo sucumbió, precisamente porque el ámbito en el cual se gestaba le era hostil. No sucedió lo mismo con el cristianismo, pues dentro de este, efectivamente nació, se desarrolló y alcanzó su madurez, desvinculándose del contexto religioso que justamente propició su nacimiento y desarrollo"[25].

Jaki publica estas ideas en 1974, y les da un sólido respaldo a lo largo de toda su amplia obra escrita. Veamos lo que nos dice Guardini casi 50 años antes, en 1925 sobre el mismo tema:

"Tampoco es cierto que lo que está ocurriendo no sea cristiano. Las mentes que trabajan en él a menudo pueden no ser cristianas, pero los eventos como tales no lo son. Es el cristianismo el que ha hecho posible la ciencia y la tecnología y todo lo que resulta de ellas. Sólo quien ha sido influido por la inmediatez del alma redimida por Dios y la dignidad del regenerado, de manera que toma conciencia de ser diferente del mundo que le rodea, podría haberse liberado del vínculo con la naturaleza en la forma en que se ha hecho en la era de la tecnología. La gente de la antigüedad habría tenido miedo de la arrogancia aquí. Solo aquellos a quienes la relación con Dios les dio un sentido de incondicionalidad, solo aquellos a quienes la parábola del tesoro escondido en el campo, la parábola de la perla de gran precio, y el dicho de tener que perder uno la vida, demostró que hay algo por lo que se debe renunciar a todo... Sólo aquellos a quienes la fe cristiana había dado una profunda seguridad sobre la vida eterna tenían la confianza que requiere tal empresa".

Para Guardini, como para el Magisterio contemporáneo –aquí, como buen teólogo, se adelanta también a las formulaciones magisteriales–, el centro del progreso científico debe ser el hombre, de

---

25. ARROYO, Mario, *Ciencia y Fe ¿Un equilibrio posible?*, Fondo Editorial UCSS, Lima 2015, pp. 35-36. Cfr. WOODS Jr, Thomas E. *Cómo la Iglesia construyó la civilización occidental*. Ciudadela, Madrid 2007, p. 105. Vid. JAKI, Stanley, *Science and Creation*, Scottish Academic Press, Edinburgh, 1974.

forma que el avance científico-tecnológico debe ser compensado por una profundización en un humanismo de raigambre cristiana, como era el humanismo en su tiempo: "Para poder ser patrones de lo nuevo debemos penetrarlo en el justo modo. Debemos dominar las fuerzas desencadenadas y hacerlas contribuir a la creación de un nuevo orden donde el centro sea el hombre". El centro y el fin de todo progreso tecnológico debe ser la persona humana.

A su vez, para que esto sea viable, y este es el nervio de la aportación guardiniana: "Debe formarse un nuevo tipo de humano, dotado de una más profunda espiritualidad, de una libertad y una interioridad nueva, de una capacidad de asumir las nuevas formas y de crearlas". Es decir, a la nueva ciencia debe corresponder un nuevo hombre, ¿cuáles serían sus características? "una profunda espiritualidad… y una interioridad nueva". Alumbrar la nueva era tecnológica se correspondería también con una nueva humanidad, más espiritualizada, con una mayor riqueza interior. En este sentido, al paso de casi un siglo, contemplamos como los deseos de Guardini, si bien nos muestran el camino correcto, no se han hecho realidad. Por eso, al comienzo de este parágrafo, lo calificábamos de "casi ingenuo". Pues la naturaleza humana, nunca podemos olvidarlo, está herida por el pecado.

Profundizando en esa línea argumentativa, Guardini insiste: "Lo que se necesita es una técnica más fuerte, más ponderada, más «humana». Hace falta más ciencia, pero que sea más espiritualizada, más sometida a la disciplina de la forma; hace falta más energía económica y política, pero que sea más evolucionada, más madura, más consciente de la propia responsabilidad". No propone otra cosa, en síntesis, que un crecimiento armónico de todas las capacidades humanas, no la "monstruosidad" de desarrollar solamente un aspecto de la humanidad, dejando de lado las otras dimensiones complementarias. Tristemente vemos que eso es precisamente lo que ha sucedido en nuestra avanzada civilización, y por eso resultan creíbles las profecías distópicas de pensadores ateos como Harari.

Tiene además Guardini una idea muy sugerente sobre el papel del hombre en su tiempo y, cabría precisar, con mucho mayor razón en el de nuestro tiempo. Es decir, muestra con gran clarividencia la tarea a la que se enfrenta el hombre de hoy, a las puertas de la "cuarta revolución industrial". "En la parábola de la historia, hemos retornado exactamente al punto en que se encontró el hombre primitivo cuando tuvo que afrontar su primera tarea, aquella de crear un «mundo»". Ahora nosotros nos encontramos precisamente en ese momento histórico: la necesidad de "crear un mundo" donde la Inteligencia Artificial y la robótica sean parte de nuestro bagaje cultural, parte integrante de nuestro camino. En definitiva, estamos alumbrando un nuevo mundo, una nueva época, y no hay manuales para hacerlo. Debemos sacar de nuestra espiritualidad, de nuestra interioridad, de lo específicamente humano —que no pueden proporcionar las máquinas—, la clave para gestionar esta civilización tan avanzada.

Concluye Guardini: "Es necesario decirle «sí» a nuestro tiempo. El problema no será resuelto con un tornar hacia atrás, ni con un diferimiento, ni tampoco con un simple cambio o mejoramiento. Se tendrá la solución solamente andándola a buscar con mayor profundidad". Su sugerencia goza de una palpitante actualidad, y muestra a las claras, el talante positivo con el que el cristiano afronta los desafíos de cada época, precisamente porque se sabe respaldado y acompañado, discreta, pero eficazmente, por la providencia de Dios. Es más, el hombre de fe siente el mundo suyo, porque salió de las manos de Dios y el Creador se lo ha confiado, de manera que no está rezagado, sino que se encuentra como protagonista en el mismo origen de los cambios que experimentamos. Es así como la ciencia y la tecnología se reconcilian con una antropología de matriz cristiana. Lo impresionante es cómo

Guardini lo vio con claridad hace un siglo, y marcó la hoja de ruta para gestionar todos estos cambios.

No ignora, nuestro autor, las dificultades: "Debe ser posible resolver el problema del dominio sobre la naturaleza en la medida en que se ha mostrado; pero, al mismo tiempo, dar al alma una nueva esfera de libertad, restituir a la vida una inagotable seguridad en sí misma y adquirir una actitud, una mentalidad, un nuevo orden para valorar en modo viviente". Se da cuenta, en consecuencia, de que es el hombre, el humanismo, quien dota de significado, de sentido a la ciencia y a la técnica: "Debe ser posible seguir a la técnica en el camino en el que ella persigue un objetivo que tenga verdaderamente un significado, permitir a las fuerzas de tal técnica desarrollar todo su dinamismo propio, también si de esa forma se desmorona el antiguo orden con sus estructuras; pero, al mismo tiempo, crear un nuevo orden, un nuevo cosmos que deberá surgir de una humanidad al nivel de estas fuerzas".

En resumen, Guardini acepta el desafío de la ciencia y la tecnología desde una postura humanista, firmemente asentada en la riqueza de una fe vivida y pensada, es decir, con el respaldo de una fuerte espiritualidad e interioridad, y con el soporte intelectual de la filosofía y de la teología.

Hans Jonas

Hans Jonas (1903-1993) es un importante filósofo alemán, de origen judío, sionista, que luchó en la Segunda Guerra Mundial con el ejército británico, discípulo de Martin Heidegger y amigo de Hannah Arendt. Como se puede observar fue un hombre que vivió de lleno el siglo XX. Además, es un destacado pensador, que sentó las bases teóricas de lo que sería la bioética en los Estados Unidos, gracias a su obra "El fenómeno de la vida" (1966). Sin embargo, su contribución más importante al pensamiento contemporáneo la constituye su libro "El principio de responsabilidad" (1979).

El texto que vamos a comentar es anterior a su obra principal, pero contiene en germen las intuiciones que desarrollará en este último texto. Introduce el "principio de responsabilidad" y su consecuencia lógica, la concepción de una ética diacrónica, cuya relevancia y responsabilidad se extiende a lo largo del tiempo. De la misma forma, muestra cómo la técnica ha perdido su neutralidad ética y necesita ser completada con otro tipo de sabiduría, si queremos garantizar la supervivencia del hombre sobre la tierra. Pese a sus tintes apocalípticos, constituye un texto de palpitante actualidad y, por lo mismo, también puede ser calificado de "profético", pues con más de 50 años de antelación –el escrito es de 1972– perfila con lúcida claridad los desafíos a los que se enfrenta la humanidad el día de hoy.

El texto se titula: "Tecnología y responsabilidad: reflexiones sobre las nuevas tareas de la ética"[26] (1972). Parte de la afirmación de la necesidad absoluta de elaborar una nueva ética, pues los principios sobre los que descansaban todas las éticas precedentes ya no son válidos:

1. "Que la condición humana determinada por la naturaleza ha sido dada una vez por todas.

2. Que sobre esta base se podía establecer qué era el bien del hombre.

3. Que la responsabilidad de la acción humana está fijamente definida".

---

26. JONAS, Hans, *Technology and Responsibility: Reflections on the New Tasks of Ethics*, 1972, en: https://inters.org/jonas-technology-responsability Revisado el 23-V-2023.

Su tesis es que "la naturaleza de la acción humana ha cambiado y con ella la ética gracias a la tecnología". Para demostrarlo, compara el contexto en el cual surge la ética como saber estructurado, es decir, el mundo griego clásico, particularmente el mundo de Pericles, Sócrates y Platón. Ese mundo conservó su vigencia mientras la relación entre el hombre y la naturaleza fue equilibrada. A mayor desarrollo urbano correspondía un retroceso del ámbito natural, pero naturaleza y ciudad, naturaleza y ética no se tocaban, corrían paralelas en el devenir de la historia: "La inmutabilidad de la naturaleza era el fondo de toda empresa humana. Lo que perdura es la naturaleza, lo que cambia son las obras del hombre. La naturaleza no era objeto de la responsabilidad humana. Con ella no era la ética, sino la inteligencia la que se relacionaba". La inteligencia, la ciencia en efecto, se esforzaba por descifrar los misterios de la naturaleza, pero hasta allí.

La ética, en consecuencia, era limitada, se cernía exclusivamente sobre el tiempo presente. "El universo de la ética era constituido de contemporáneos y el arco de vigencia era la propia vida. El conocimiento necesario era limitado a estos factores, no se requería de un especialista. Si la acción era buena o mala venía decidido en un contexto limitado". No se necesitaban grandes conocimientos para obrar éticamente bien, bastaba el sentido común o, lo que llamaríamos —Jonas no lo hace— la ley natural, conocida por la razón humana, y aplicada por la conciencia a una situación presente. Hacer teorías sobre la Ética sí requería de grandes pensadores, como Sócrates, Platón o Aristóteles, pero comportarse éticamente estaba al alcance de cualquier campesino analfabeto.

Ahora, sin embargo, ya no es así. El equilibrio entre la naturaleza y la ciudad, entre la ciencia y la ética se ha roto, arrollado por el impresionante avance científico-tecnológico: "esto ha cambiado decisivamente gracias al desarrollo de la técnica. Hay un ámbito extremamente potente de la técnica capaz de imponer unas obligaciones éticas nunca imaginadas". La técnica ha invadido el ámbito de la ética y la ha modificado desde dentro. "El caso más obvio de ello es la ecología". Jonas, en efecto, puede considerarse uno de los padres intelectuales del movimiento ecológico. Fue de los primeros en darse cuenta de que el ritmo de vida que llevamos como sociedad no es sostenible para el planeta. Recelaba –como haría después Harari– de la democracia, pues la consideraba incapaz de revertir esta dirección fatal.

Todo esto reviste de una serie de consecuencias concretas para la ética, que la modifican de raíz: "la limitación de la responsabilidad de la acción a la proximidad y a la contemporaneidad no es ya posible". Esto es, se amplía el margen de responsabilidad y se proyecta hacia el futuro, de forma que el horizonte ético se ensancha de forma inconmensurable. No se trata de un simple utilitarismo que busca definir la ética con base en las consecuencias previsibles de los actos, sino de una auténtica especialización del conocimiento que toma conciencia de su responsabilidad insoslayable sobre el futuro.

Por eso ahora ética implica conocimiento. Ya no basta con la ética natural –que se limita al presente– se requiere una ética especializada, no sólo de conocimientos morales, sino también científico-tecnológicos, para calibrar el alcance de nuestras acciones presentes en el futuro. Por eso, según Jonas: "A la acción ya la ignorancia no ofrece ningún alivio. El conocimiento se convierte en un deber imperante, debe ser proporcionado a la dimensión causal de nuestra acción". En la ética clásica la ignorancia invencible eximía de responsabilidad moral; en la de Jonas, el primer pecado es precisamente esa ignorancia, que es necesario erradicar, por el bien del planeta y las futuras generaciones.

Ya no puede pensar la persona humana, como en la más rancia tradición clásica: "qué es lo bueno para mí aquí y ahora", "qué tipo de acción me conduce hacia la felicidad". Ahora tiene que incluir en su reflexión el bien del planeta y el de la posteridad. Podría formularse del siguiente modo: "qué es lo bueno para mí, para las generaciones futuras y para el planeta aquí y ahora". Como se ve, el planteamiento es mucho más complejo. "Al fin del hombre se une ahora el fin de la biósfera. A la responsabilidad actual se suma la de las generaciones futuras".

Las consecuencias de esta ampliación de la ética se siguen acumulando. Digamos que el equilibrio entre ciencia-tecnología-ética no se puede dar por supuesto. Los tres saberes entran en juego para alcanzar una visión sapiencial de la realidad. Cada uno de ellos pierde autonomía en favor del otro, porque lo necesita desde dentro, desde el origen de sus planteamientos y proyectos. "Las ciencias naturales pueden no tener el monopolio de un discurso sobre la naturaleza; hace falta una reflexión metafísica y ética sobre ella". No sólo la ética debe tomar en consideración los avances científico-tecnológicos, sino que la ciencia y la tecnología deben incluir entre sus premisas postulados morales.

Uno de los aspectos en los que se muestra más "profético" Hans Jonas, es justamente en la visión según la cual el hombre va a poder rediseñarse a sí mismo. Ese desafío, que lo estamos viviendo hoy en día, fue previsto por Jonas hace más de 50 años. "La técnica asume relevancia ética en virtud del puesto central que ocupa en el diseño del hombre". La técnica es capaz de modificar la naturaleza humana; hoy lo vemos con la fecundación in vitro, los bebés a la carta, la manipulación genética. Una buena muestra de ello es el documental de Netflix "Selección antinatural", de 2019.

Esto tiene hondas consecuencias metafísicas, que son agudamente identificadas por Jonas, y que son actualmente sostenidas por algunos de los pensadores del transhumanismo: "Los confines de la ciudad y la naturaleza han sido cancelados. Lo natural viene absorbido en la esfera de lo artificial". Se diluye, en la práctica la frontera entre lo natural y lo artificial, de manera que ambas realidades forman parte de un todo continuo. Lo expresa muy bien Hugh Herr en su conferencia TED: *"How we'll become cyborgs and extend human potential"*[27], de abril del 2018:

> "Los diseñadores contemplan un futuro en el que la tecnología ya no actúa por separado, como algo sin vida, apartado de la mente y del cuerpo, un futuro en el que la tecnología ha sido cuidadosamente integrada a nuestra naturaleza, un mundo en el que lo biológico y lo no biológico, lo humano y lo no humano, lo natural y lo no natural, será una frontera difusa para siempre".

Esto supone no sólo un cambio en la ética, sino en la metafísica, en nuestra propia identidad que se fusiona con realidades no humanas. La humanidad extendida o cambiada, que promueven transhumanistas o posthumanistas. Este planteamiento, que ahora está a la vanguardia de la ciencia y la filosofía, fue presentado con clarividencia por Jonas hace 50 años.

Jonas concluye, admirado: "El hombre mismo ha terminado por ser un objeto de la tecnología". Y se plantea interesantes problemáticas que ese hecho suscita. Nuevamente, sorprende lo que afirma en 1972, realidades que uno de los pioneros del Posthumanismo, Raymond Kurzweil, proyectaba para el 2045. "Ahora nos enfrentamos al problema de decidir la extensión de nuestra vida, la cual, en un futuro próximo, podría extenderse. ¿Cuánto es deseable esto para el individuo y para la especie?" Jonas se da cuenta de un problema no banal que eso implica, la importancia del equilibrio entre muerte y procreación. En efecto, ¿pueden el mundo y la economía sostener una población que no muere, o tarda demasiado en morir?

27. Vid. https://www.youtube.com/watch?v=PLk8Pm_XBJE Revisado el 23-V-2023.

Estrechamente conectado con lo anterior, como otra vertiente del progreso de la medicina, incipiente en la época de Jonas, real y actual en el mundo contemporáneo, "es el control del comportamiento, posible por los desarrollos de la medicina, ¿es deseable que sea social para evitar peligrosas formas de conducta? ¿La producción de sensaciones agradables o el mejoramiento del comportamiento se deben dejar al uso de sustancias?" ¿Podemos modificar genéticamente a los seres humanos para que no sean agresivos, para acabar con la violencia? ¿O modificar nuestro ADN para que sea resistente a determinadas enfermedades? ¿O producir sustancias que nos proporcionen placer? Esto tiene innegables ecos de la distopía pionera del siglo XX: "Un mundo feliz" (*Brave New World,* 1932), de Aldous Huxley, donde los seres humanos viven del "Soma" sustancia que les proporciona el omnipresente estado, y que produce la felicidad.

Jonas se da cuenta de que la "tecnología aplicada al hombre mismo a través del control genético" nos permitirá "tomar el control de la propia evolución", es decir auto-diseñarnos. Se trata, nuevamente, de un transhumanismo o posthumanismo *ante-litteram*.

Otro aspecto importante de la aportación de nuestro autor, es su preocupación por el mundo venidero, como elemento indispensable de cualquier planteamiento moral. En esta línea está muy en sintonía con Francisco y su llamado a cuidar "la casa común", y a sentirnos responsables por las generaciones futuras. Jonas lo plantea del siguiente modo:

> "El hecho que en el futuro debería existir un mundo habitable por el hombre, y que este mundo deba ser habitado por una humanidad digna de ese nombre, puede ser reconocido como un axioma general. Pero en cuanto afirmación moral, es decir, en cuanto obligación de carácter práctico en relación a nuestros semejantes del mañana, en cuanto principio de decisión en la acción actual, es totalmente diverso de los imperativos de la ética precedente".

Casi con asombro exclama: "la presencia del hombre en el mundo se ha convertido en objeto de obligación". Ya no se puede dar por descontada, y de las decisiones que ahora tomemos dependerá que esto sea posible. En su línea de reflexión Jonas es bastante pesimista y negativo respecto al avance científico-tecnológico, que indudablemente debe ser controlado. Se trataría de poner un freno al caballo desbocado del progreso científico, de manera que se le pueda dar una dirección que no comprometa el futuro de la humanidad.

Para esto propone, en la línea de Kant, una nueva versión del imperativo categórico, que se podría expresar del siguiente modo:

1. "Obra de tal modo tal que los efectos de tu acción sean compatibles con la continuación de una vida auténticamente humana".

2. "En tus elecciones actuales incluye la futura integridad del hombre en el objeto de tu voluntad".

3. "Obra de modo tal que los efectos de tu acción no destruyan la posibilidad futura de una vida así".

4. "No comprometas las condiciones de una permanencia ilimitada de la humanidad sobre la tierra".

Sin embargo, a diferencia de Kant, este imperativo categórico no es "hipotético", por el contrario, se trata de una "necesidad real de obrar de esa manera. Debemos decidir sobre el futuro real predecible o previsible, hay una dimensión teleológicamente abierta de nuestra responsabilidad". El llamado de Jonas, como el de Greta Thumberg o Francisco, es urgente. La diferencia es que, por su matriz filosófica, enraíza la cuestión en un nuevo modo de concebir la ética, y no en la simple toma de medidas de acción urgentes, sino en el actuar moral de todo hombre.

Concluye su artículo Hans Jonas con una serie de consideraciones, a modo de resumen final de lo dicho hasta el momento. Deja entrever, a diferencia de Guardini, un cierto tono desesperanzado en sus comentarios. Por ejemplo, observa que "tenemos más necesidad de sabiduría precisamente cuando creemos menos en ella". El perfecto equilibrio entre ciencia, tecnología y ética, sólo se alcanza con un conocimiento superior, un conocimiento de los fines, que la tradición filosófica, desde Platón y Aristóteles ha llamado sabiduría. La tecnología, con su vertiginoso avance, la ha relegado del horizonte humano, pero sólo ella podrá encauzar toda esa fuerza, toda esa energía y evitar la autodestrucción del hombre y la naturaleza.

Obviamente, concluye señalando taxativamente que "necesitamos una nueva ética de la responsabilidad". Tarea no fácil, si se piensa en otro saber profundamente hermanado con la ética, por lo menos en los pensadores clásicos, la política. Jonas se da cuenta de que es difícil que la acción política, caracterizada por su preocupación inmediatista de ganar elecciones y ocupar espacios de poder, pueda suscitar social y culturalmente esa nueva ética: "El gobierno y la política funciona a base de los intereses actuales y no futuros de la humanidad. No hay un lobby del futuro". Y Jonas justo lo que está proponiendo es formar un "lobby del futuro", alguien que se preocupe por las próximas generaciones y defienda sus derechos e intereses en el ámbito público.

"Necesitamos, en definitiva, una ética con la capacidad de controlar la enorme capacidad que hoy poseemos". Si eso decía en 1972, qué no podría decir ahora, en el momento de redactar estas líneas, en el 2023. Descalifica a la religión como una fuente de esta ética, porque "la fe se tiene o no se tiene, la ética debe existir". Expresa así la clásica posición secularista, que prefiere excluir a la religión de la ecuación. Sin embargo, como hemos visto más arriba, en el movimiento que promueve la *Algor-ética*, las tres religiones monoteístas se dan la mano con algunos de los principales productores de tecnología contemporáneos para buscar esa ética que proclamaba Jonas. Ciertamente hay muchas personas sin religión, pero la religión puede ofrecer una sinergia importante, y de hecho lo hace habitualmente, en todo lo referente al comportamiento moral de la persona en la sociedad.

Concluye Jonas reafirmando su premisa inicial: "La nueva capacidad de acción exige nuevas reglas éticas o una ética nueva", señalando además que "la neutralidad ética de la técnica ha desaparecido para siempre". Ahora deben ir de la mano las dos, si queremos existir en el futuro. Ese equilibrio entre ambas sólo puede proporcionarlo un saber sapiencial –hasta aquí Jonas–. Nosotros pensamos que esa labor de sincronización entre los diversos saberes la puede ofrecer una filosofía, que a su vez esté en diálogo con la teología, de forma que nunca perdamos de vista nuestra condición de creaturas y de administradores del mundo que se nos ha dado, con el encargo de transmitirlo mejorado a la generación siguiente.

Theodosius Dobzhansky

Ya hemos escuchado la voz de un historiador, un teólogo y un filósofo sobre las relaciones entre ciencia, tecnología y fe, que sirven de cimiento para elaborar una "Teología de la Tecnología", es decir, una reflexión racional desde la fe sobre el fenómeno científico-tecnológico. Ahora toca escuchar una voz que proviene de un ámbito diverso al de las humanidades, como lo son las tres anteriores, una voz que está interesada en lo que se elucubre al respecto, pues es parte implicada en el discurso, la voz de un científico sobre las relaciones entre ciencia, filosofía, tecnología y teología. Hemos escogido para tal tarea, a una de las autoridades más importantes en la historia de la Teoría de la Evolución, a Theodosius Dobzhansky (1900-1975), uno de los padres –el primero cronológicamente– de la *Teoría Sintética de la Evolución*, es decir, aquella que sintetiza la Evolución de Darwin con la Genética de

Mendel. El principal investigador de la "Genética de Poblaciones" en el siglo XX. Hombre que en su tiempo fue a la vanguardia de la ciencia, y que simultáneamente era profundo creyente, practicante de la religión cristiana ortodoxa ucraniana.[28]

Dobzhansky tiene la ventaja –no muy frecuente en el siglo XX– de no elaborar su pensamiento a partir de una postura cientificista y, por tanto, con una metafísica materialista implícita de fondo. Al contrario, él ofrece una visión armónica entre ciencia y fe, mostrando cómo ambas realidades se complementan y son necesarias para el ser humano. Más incluso, mete en la ecuación expresamente a la filosofía y a la teología, como necesarias para ofrecer, junto con la ciencia, una mirada completa sobre la realidad. Observa, por ejemplo, cómo "La ciencia lleva siempre a las «grandes preguntas», cuestiones inherentes a las «preocupaciones últimas»".

Es clarividente en mostrar cómo la ciencia nos conduce a las lindes de la filosofía y la teología, al plantearse las "preguntas fundamentales", que ambos saberes aspiran a responder o, por lo menos, se dedican expresamente a tratarlas desde su origen. La ciencia nos lleva al umbral de filosofía y teología, pero estos dos saberes también necesitan los resultados de la ciencia, como materia prima a partir de la cual construir sus propuestas, sea filosóficas que teológicas. Muestra la otra cara de la moneda, cómo la filosofía y la teología se nutren del progreso científico para actualizar y afinar su pensamiento. "Está convencido de que una cosmovisión coherente no puede derivarse ni conseguirse sin la ciencia". O, dicho de otra forma, las preguntas últimas no son patrimonio exclusivo de la filosofía y la teología, la ciencia contribuye a plantearlas con mayor precisión.

28. Para este parágrafo, nos basamos en: DOBZHANSKY, *Theodosius, Humanism and Humanity*, en *The Biology of the Ultimate Concern*, 1967. En https://inters.org/Dobzhansky-Humanism-Humanity Revisado el 24-V-2023.

Entusiasta –como no podría ser de otro modo– de la rama del saber por él cultivada llega a afirmar: "Nada tiene sentido en biología si no es a la luz de la evolución"[29]. Sin embargo, no interpreta la evolución en sentido materialista, sino que la contempla en armonía con la fe, como un modo de explicitar el cómo se fueron dando las verdades de fe por él creídas. De esta forma propone que "la biología evolucionista –ámbito en el que él era experto– contribuye a la idea de una creación dinámica". Es decir, es un científico el que nos dice que evolución –verdad científica– y creación –verdad teológica–, no se contraponen sino se complementan.

Para sustentar su afirmación, Dobzhansky hace un honesto ejercicio de interdisciplinariedad –la clave para curar el materialismo de los cientificistas–, llamando en causa tanto a teólogos como a filósofos, a los cuales cita. Resulta novedoso encontrar referencias de un teólogo importante del siglo XX en la obra de un afamado científico, pero ese sencillo gesto nos manifiesta amplitud de horizontes y la humildad de no considerar su rama del saber cómo el culmen de todo conocimiento, impermeable a otro tipo de saberes. Así, se apoya en Paul Tillich (1886-1965) filósofo y teólogo luterano, para quien, "según el humanismo, el objetivo de la cultura es la actualización de las potencialidades del hombre en cuanto portador del espíritu".

Tillich mismo establece las bases para elaborar un puente entre religión, y otros productos del saber humano, como pueden ser el arte o la ciencia: "La religión se interesa en aquello que es absoluto, infinito, incondicionado en la vida espiritual del hombre. La religión, en el sentido más esencial de la palabra, es la idea de absoluto. Y la idea del absoluto se manifiesta en todas las funciones creativas del espíritu humano". Fruto distinguido de esas fun-

29. DOBZHANSKY, T., *Nothing in Biology makes sense except in the light of Evolution*. En *American Biology Teacher* (35), 1973, pp. 125-129.

ciones creativas del espíritu humano es la ciencia. Implícitamente nos ofrece una idea muy sugerente: la ciencia es posible gracias a la espiritualidad humana. Hay un campo de convergencia entre religión y ciencia, que es la idea o la búsqueda de lo absoluto.

Citando a Brinton[30], afirma que "la metafísica es un instinto o un apetito humano", análogo al sexo, que todos tienen, pero no todos practican. ¿Qué significa tal afirmación? Que "la necesidad de una «cosmovisión» es indispensable para el ser humano". La cultura va orientada a ello, a proporcionarnos una visión unitaria de la realidad, es lo propio del intelecto humano. Y esto nos conduce a las preguntas metafísicas, que todo ser humano, en algún momento de la vida se plantea, y que los filósofos en general hacen de su respuesta el objetivo de sus empeños: "¿Mi vida y la de los demás tienen un significado? ¿El mundo en el que he sido arrojado sin quererlo, tiene un significado? Es imposible responder de modo definitivo a estos interrogantes, y probablemente lo será siempre si por respuestas se entienden certezas absolutas, objetivas, verificables". Sin embargo, frente a ese aparente escepticismo epistemológico, afirma: "toda generación debe buscar las respuestas sobre la base de la propia experiencia". No es entonces un seco escepticismo lo que propone, sino que invita a ponerse en la búsqueda del sentido, sirviéndonos de todas las herramientas cognoscitivas que tengamos: la ciencia, pero también la filosofía y la teología. Concluye afirmando: "La grandeza del hombre consiste en el preguntarse el porqué de su existencia y la del cosmos".

Dobzhansky, especialista en la evolución, ofrece una intuición interesante, al relacionar estas ideas fundamentales de la existencia, con la idea de Dios y la evolución: "La idea de la necesidad de Dios... nació, se desarrolló y se enraizó en el hombre durante

---

30. BRINTON, C., *The Shaping of the Modern Mind*, New American Library, New York 1953.

la larga y fatigosa subida de la condición animal a la humana". Establece una ecuación antropológica y humanista novedosa: el proceso de humanización corre paralelo al desarrollo de la idea de Dios o, dicho de otro modo, Dios y la persona humana están mutuamente implicados. Ofrece desde las ciencias la base de un humanismo que permita fundamentar la dignidad humana en la idea de Dios.

Dobzhansky –y esto es muy meritorio, pues refleja un sano espíritu de autocrítica–, afirma: "Es ingenuo pensar que la ciencia sola, pueda ofrecer un credo (cosmovisión) coherente o que lo que conocemos respecto a la evolución pueda darnos una respuesta exhaustiva". Desmonta de un brochazo, la idea tan difundida de que la ciencia y particularmente la teoría evolutiva –así lo piensan, entre otros Richard Dawkins o Daniel Dennet– puede ofrecernos una visión completa y omnicomprensiva de la realidad.

Desde su gran autoridad como padre de la Teoría Sintética de la Evolución afirma: "Actualmente es un lugar común afirmar que los descubrimientos darwineanos de la evolución biológica han completado el proceso de degradación y de alienación del hombre, iniciado con Copérnico y Galileo. No consigo imaginar una afirmación más equivocada, y tal vez el punto esencial a discutir en este libro [*The Biology of the Ultimate Concern*, 1967] es la validez de lo contrario: la evolución es motivo de esperanza para el hombre". ¿Cabría preguntarse el por qué? Desde su visión científica optimista, la evolución supone un progreso, un crecimiento, una ampliación de las potencialidades humanas.

Adelantándose al "Principio Antrópico" de Brandon Carter[31], basado en el "ajuste fino del universo", que hace posible la vida

---

31. CARTER, Brandon, *Large number coincidences and the anthropic principle in cosmology,* 1973, en https://adsabs.harvard.edu/full/1974IAUS...63..291C Revisado el 24-V-2023.

inteligente sobre la tierra, Dobzhansky intuye: "Si el universo no es seguramente geocéntrico, podría muy bien ser antropocéntrico. El hombre, este misterioso producto de la evolución del mundo, podría ser el protagonista y quizá la guía. En todo caso, no es estático, no es finito y no es inmutable. Toda cosa en él está involucrada en el flujo y en el desarrollo evolucionístico".

En su breve texto, Dobzhansky cita a multitud de pensadores: científicos, filósofos, teólogos, y no podía faltar una referencia concreta a la Sagrada Escritura, para subrayar, desde la parte bíblica, cómo la entera creación está en proceso hacia un estado mejor, y cómo el hombre coopera con ese desarrollo a través de la ciencia y la tecnología:

> "La creación aguarda con ansiedad la revelación de los hijos de Dios, porque fue sometida a la frustración. Esto no sucedió por su propia voluntad, sino por la del que así lo dispuso. Pero queda la firme esperanza de que la creación misma ha de ser liberada de la corrupción que la esclaviza, para así alcanzar la gloriosa libertad de los hijos de Dios. Sabemos que toda la creación todavía gime a una, como si tuviera dolores de parto" (*Romanos* 8, 19-22).

Es su firme concepción científica, avalada por la peculiar interpretación que hace de la Sagrada Escritura, la que le permite sostener una aseveración de tintes metafísicos o filosóficos, sobre la "naturaleza" —en el sentido filosófico— de la "naturaleza" —en el sentido biológico—: "no se puede afirmar que la naturaleza humana no cambie; esta «naturaleza» no es un estado, sino un proceso. Las potencialidades del desarrollo del hombre, desde un punto de vista tanto biológico como cultural, no se han agotado". Su conclusión metafísica es: "la naturaleza" es algo dinámico; lo cual a su vez tiene consecuencias antropológicas: "las potencialidades del hombre no se han agotado". Todo lo anterior le lleva a ofrecer un marco esperanzador para la especie humana.

La conclusión de Dobzhansky no puede ser más interdisciplinar, pues le conduce a reafirmar la necesidad de incluir todos los saberes: ciencia, filosofía y teología, en la ecuación necesaria para conseguir una cosmovisión completa de la realidad. "Hoy, si se decide ignorar cuanto pueda decirnos la ciencia sobre nuestra naturaleza, se cierra algo determinante para el conocimiento de nosotros mismos". Es decir, la filosofía y la teología, en la medida en que pretendan decir algo sobre el mundo o el hombre, deben tomar en consideración los avances científicos. "El científico debe ser al menos enumerado entre los que proporcionan la materia prima con la que operan los filósofos en el formular y resolver sus propios problemas".

Para Dobzhansky: "una *Weltanschauung* (Cosmovisión) coherente no puede fundarse solo sobre la ciencia, ni excluirla completamente". Ni basarse solo en la ciencia, lo cual sería cientificismo, con el materialismo metafísico que lleva integrado; ni excluir la ciencia, lo que significaría una carencia de interdisciplinariedad por parte de la filosofía y la teología. Nos ofrece así en ejemplo bastante atractivo de una ciencia que se integra con otros saberes, para intentar explicar una realidad poliédrica, de múltiples dimensiones, dentro de la cual se desarrolla la vida de la persona humana en el universo.

En el presente texto, sin embargo, no se abre a la trascendencia, porque no era el objetivo del capítulo. Sin embargo, en otros lugares de su obra, sí lo hace abiertamente y con toda claridad, por ejemplo, afirma: "No veo cómo escapar a la idea de que Dios actúa no solo en rachas de intervenciones milagrosas, sino en todos los acontecimientos importantes e insignificantes, espectaculares y ordinarios"[32]. Dicho en clave teológica, el científico y creyen-

---

32. Cf. RUSE, Michael, ¿Puede un darwinista ser cristiano? La relación entre ciencia y religión, Siglo XXI, Madrid 2007, p. 10.

te Dobzhansky, reconoce el papel de la providencia ordinaria de Dios —las leyes de la naturaleza— y de su providencia extraordinaria —los milagros— en el devenir del mundo. Digamos que el universo es un libro abierto que le habla de Dios, de forma que su actitud científica va más allá de ella y se convierte en religiosa, contemplativa. Ambas dimensiones se pueden dar en la unidad de la persona, y sería deseable que cada vez más científicos adquirieran esta perspectiva más amplia, gracias a la interdisciplinariedad. La síntesis entonces, entre teología y ciencia se da existencialmente en los corazones y las mentes de los científicos que no se han cerrado en la estrecha cárcel materialista, sino que están abiertos a la trascendencia y a la espiritualidad.

Capítulo 3

Los límites de la ciencia

A lo largo del análisis que venimos haciendo, llegamos a la conclusión de que es necesaria una fecunda interdisciplinariedad entre ciencia, filosofía y teología. Ello implica una actitud de apertura mental frente a saberes diversos del que uno cultiva. También hemos señalado que dicha apuesta no es compartida por el cientificismo, que absolutiza la ciencia, suponiendo que ella y sólo ella puede darnos auténticas respuestas para las preguntas relevantes de la vida. Ese cientificismo tiene a su vez una matriz metafísica, reconocida algunas veces, implícita otras, de carácter materialista. El cientificismo cree que la ciencia a la larga nos va a dar todas las respuestas que necesitamos. Por eso, connotados pensadores, lo han calificado como "religión" o "materialismo promisorio" (Karl Popper). "De hecho, la fe en el ilimitado poder explicativo del método científico, o en que no hay otros dominios de realidad que los que se encuentren (hoy o en el futuro) a su alcance, es más bien cosa del cientificismo –que es una religión– que de la actitud científica ordinaria"[33].

33. SOLER GIL, Francisco, *Mitología materialista de la ciencia*, Encuentro, Madrid 2013, edición en e-Book.

Ahora bien, el reconocimiento de los límites de la ciencia, no es sólo una realidad vista claramente por la filosofía o por la teología. Es la misma ciencia la que ha descubierto, en el siglo XX, que tiene una serie de límites fundamentales en su capacidad de conocer. Al hacerlo, desde una base exclusivamente científica, ha refutado dos interpretaciones de la ciencia y del saber muy en boga desde la Ilustración, y que se arraigaron a lo largo del siglo XIX, en concreto rebaten al racionalismo, como pretensión de que todo pueda ser demostrado, hoy o mañana por la razón humana, y que no existen por definición lagunas en esa capacidad del conocimiento. La segunda interpretación científica desmentida es el determinismo, preconizado particularmente por Pierre-Simone Laplace (1749-1827), y considerado una especie de dogma científico por muchos de los investigadores posteriores a tan egregio pensador. No se debe confundir, sin embargo, determinismo con causalidad. El determinismo ha sido refutado definitivamente en la ciencia del siglo XX, la causalidad es un principio filosófico del que se sirve habitualmente la razón en general y la ciencia en particular[34].

La ciencia tiene distintos tipos de límites. Algunos son provisionales, por ejemplo, cosas que hoy no sabemos o no somos capaces de hacer, pero que probablemente en un siglo lo consigamos. Otros son límites externos, realidades como Dios o el alma espiritual, que, por no ser materiales, caen fuera de su ámbito de competencia. No puedo demostrar ni negar científicamente que Dios o el alma existan, pues estas últimas son realidades espirituales, y el campo de acción del método científico está delimitado por lo que es material (por eso fácilmente deriva en materialismo

---

34. Para todo este capítulo nos basamos en: SOLS, Ignacio, ¿Puede la ciencia ofrecer una explicación última de la realidad?, en https://www.unav.edu/web/ciencia-razon-y-fe/puede-la-ciencia-ofrecer-una-explicacion-ultima-de-la-realidad, Revisado l 28-V-2023.

filosófico, al absolutizar este tipo de conocimiento). Pero hay otro tipo de límites de la ciencia que podríamos denominar internos, pues es la ciencia misma la que ha llegado a la conclusión de que esas realidades, por cuestiones fundamentales, no pueden ser conocidas científicamente.

¿Cuáles serían esos descubrimientos científicos que demuestran que la ciencia no puede demostrarlo todo? Son fundamentalmente dos, ambos desarrollados a lo largo del siglo XX: la incompletitud o *indecibilidad* matemática y la indeterminación física. En el ámbito de las matemáticas fue determinante en la toma de conciencia de sus límites, el *Teorema de Gödel*, publicado en 1931. Por su parte, la incertidumbre e indeterminación físicas son resultado de la revolución científica de mayor calado en el siglo XX, la Teoría Cuántica, y tal principio, "consecuencia inmediata de la mecánica ondulatoria de Schrödinger", es el *Principio de incertidumbre de Heisenberg* (1901-1976).

¿Qué nos dicen estos descubrimientos científicos y cuáles son sus consecuencias? La mecánica cuántica llega —entre otras— a las siguientes conclusiones: "posición y momento no pueden estar simultáneamente bien definidos; en el mundo microscópico no hay una diferencia cualitativa entre partícula y onda; la ecuación fundamental no puede extrapolarse a escala macroscópica porque predice superposiciones que no observamos en la práctica; solo se predice con éxito el comportamiento estadístico de los experimentos; los sistemas microscópicos son radicalmente alterados cuando son observados". Las consecuencias antropológicas de la mecánica cuántica son de gran calado, pues, frente a una visión determinista, negadora de la libertad, "la imagen indeterminista que ofrece la física cuántica nos permite pensar que nuestra experiencia de libre albedrío puede ser real y no meramente subjetiva".

A la física cuántica le precedió el "problema de los tres cuerpos" —antecesor de la "Teoría del Caos"— desarrollado por Henri

Poincaré (1854-1912). En síntesis, afirma que una leve variación en el estado inicial de un sistema, produce resultados completamente divergentes en su evolución –caóticos–, por lo que predecir su desarrollo futuro requiere conocer cada vez sus inicios con mayor precisión. Pero hay un límite en esa capacidad de precisión de la medición inicial, precisamente el principio de indeterminación de Heisenberg.

> "El principio de incertidumbre nos dice que, debido a su naturaleza ondulatoria, una partícula no puede tener bien definidos simultáneamente la posición y el momento… Si combinamos la dinámica no lineal de Poincaré con el principio de incertidumbre de Heisenberg, llegamos a la conclusión de que, para predecir satisfactoriamente el futuro cada vez más lejano, llega un momento en el que es necesario conocer las condiciones iniciales con una precisión que viole el principio de incertidumbre… Llegamos pues a la conclusión de que, dentro de la imagen del mundo que nos ofrece la moderna física cuántica, la predicción del futuro lejano es imposible, no ya en un sentido práctico sino en un sentido fundamental: la información física sobre lo que un sistema caótico hará en un futuro lejano no está en ningún lugar".

Por su parte Kurt Gödel (1906-1978) demostró en 1931, que la aritmética y la teoría de conjuntos "son inconsistentes" o, mejor dicho, "*indecibles*". Tanto la teoría de conjuntos –de la cual se derivan las matemáticas– como la aritmética son "incompletas". "Es decir que existe al menos una fórmula tal que ni ella ni su negación pertenecen a la teoría. Esto es, ni ella ni su negación se derivan de los axiomas… habrá siempre fórmulas que pertenecen a la aritmética (es decir, son verdaderas) pero no son deducibles de esos axiomas".

¿Qué quiere decir que son "*indecibles*"?

> "No es teorema de la teoría, es decir fórmula deducible de sus axiomas, la fórmula que expresa que la teoría es consistente. Esto es especialmente grave para la teoría de conjuntos, pues las fórmulas que se

derivan de los axiomas de la teoría de conjuntos son las matemáticas. Todos estamos internamente convencidos de que las matemáticas son consistentes. Si resultara que no lo son, se podría demostrar un día, al aparecer una contradicción. Si resulta que lo son, como todos creemos, nunca podremos demostrarlo dentro las mismas matemáticas, sino acudiendo a otra teoría lógica de la cual habrá que probar a su vez que es consistente, y para ello acudir a otra teoría lógica distinta, y así sucesivamente, sin llegar nunca a probar la consistencia".

Los resultados de Gödel echaron por tierra la idea de la absoluta certeza de las matemáticas y, por extensión, la idea racionalista de la demostrabilidad absoluta de todo lo real. Cambiaron no sólo la visión de las matemáticas, sino del conocimiento en general y de la ciencia en particular. El ideal de la certeza absoluta y de la completa demostrabilidad, fruto del conocimiento, se desvanecía. "Nuestra idea de lo que son las matemáticas pasa a ser análoga a nuestra idea de lo que es una teoría física. Si en una teoría física se postulan unas leyes universales y se espera que no haya experimentos que las refuten, en matemáticas, se postulan unos axiomas y se espera que no se llegue con ellos a contradicciones".

El matemático Gregory Chaitin (1947), ha desarrollado las conclusiones de Kurt Gödel, aplicándolas al azar, en concreto ha mostrado cómo no se puede demostrar que una secuencia de números aleatoria sea azarosa, por el contrario, es *indecible*, en el sentido que le daban a esta expresión los matemáticos Kurt Gödel y Alan Turing (1912-1954). Las consecuencias científicas y filosóficas de este descubrimiento son de gran importancia para la ciencia actual, y permiten dar por concluido el acerbo debate entre defensores del "diseño inteligente" en la naturaleza frente a los que atribuyen todo al azar en la naturaleza.

"No existe un algoritmo general que, aplicado a una secuencia arbitraria, arroje un sí o no a la pregunta de si la secuencia es aleatoria... La consecuencia es que, si bien el azar es una hipótesis útil, e incluso necesaria, en muchos contextos, no se puede asignar con seguridad total a ninguna secuencia matemática y por lo tanto a ningún proceso físico o biológico. Esta consideración puede no tener importantes implicaciones prácticas, pero sin duda tiene importantes consecuencias epistemológicas: En la medida en que el azar es entendido como indeterminación en ausencia de diseño, nunca puede ser legítimo presentar la ausencia de diseño como una conclusión científica. La existencia de azar puede ser una hipótesis de trabajo razonable, una interpretación filosófica defendible, pero no puede presentarse como un dato científico establecido cuando se están debatiendo cuestiones de principio, tales como la presencia o ausencia de finalidad en la naturaleza".

¿Qué quiere decir eso? Simple y llanamente, que el azar no es demostrable científicamente. Lo que lleva a una conclusión inmediata: Atribuir todo al azar, o buscar en el azar la explicación del todo –como lo hace Richard Dawkins (1941), por ejemplo, en su obra "El relojero ciego" (1986)– no es científico, porque el azar no es demostrable. Al no ser demostrable el azar, el diseño inteligente no es refutable científicamente.

Sin embargo, esto no significa que la *Teoría del Diseño Inteligente* triunfe sobre la del *Azar Omnicomprensivo*, dado que el hecho de no ser refutable, coloca a dicha teoría fuera del ámbito de las ciencias. En efecto, Karl Popper (1902-1994), en su obra "Lógica de la Investigación Científica" (1934), señala que, para ser científica, una teoría tiene que ser en principio *falseable*, es decir, debe existir "la posibilidad de realizar un experimento entre cuyos posibles resultados existiría a priori al menos uno que contradice una predicción de la teoría". Luego, si el "diseño inteligente" no es refutable o *falseable*, no es científico, sino filosófico. La *Teoría del Diseño Inteligente* escapa al ámbito de la ciencia y entra a formar parte de la filosofía. La teoría del azar omnicomprensivo no es demostrable y, por tanto, su fundamentación también escapa al campo de la ciencia.

Según Popper una teoría científica no puede ser completamente verificada, porque para eso se tendrían que tomar en cuenta todos los casos singulares que entran en dicha teoría. Es decir, si yo afirmo, "todos los cisnes son blancos", verificarlo requeriría, comprobar empíricamente, viendo a todos los cisnes del mundo, en el presente, pero también en el pasado y en el futuro, lo cual es a todas luces imposible. En cambio, basta un solo contraejemplo de esa afirmación universal, para refutarla o "falsearla". El avance de la ciencia se da a base de un proceso de falsación de las teorías, que así son reemplazadas por otras mejores.

La conclusión de Sols, basada en los descubrimientos de Chaitin es contundente:

"El azar no puede asignarse con seguridad a secuencia matemática alguna… cuando nos referimos a leyes que invocan el azar con pretensión de universalidad, especialmente si la asociación con el azar se utiliza para llegar a conclusiones metafísicas (tales como la ausencia de diseño en la naturaleza) y más especialmente aun si esas propuestas filosóficas se presentan como parte del conocimiento científico establecido. De nuevo, esta observación es compatible con el hecho de que el azar sea una hipótesis útil, incluso esencial, en muchos contextos de la ciencia. Sin embargo, no es un dato científico que pueda utilizarse para llegar a conclusiones filosóficas".

El siguiente paso o inferencia matemática de los resultados de Chaitin lo da el matemático austriaco Hans-Christian Reichel (1945-2002): "¿Es la evolución de la vida aleatoria o se basa en alguna ley? … La única respuesta que las matemáticas pueden dar acaba de ser indicada: la hipótesis de la aleatoriedad es indemostrable en principio, y, a la inversa, la tesis teleológica es irrefutable en principio". Reichel publica su trabajo en 1997, de modo que matemáticamente puede señalarse ese año como el fin de la una de las más acaloradas discusiones científicas contemporáneas, la cuestión de si existe o no un diseño inteligente, o si todo es fruto del azar evolutivo.

Por lo tanto, Sols llega a la siguiente conclusión: "debido a que (i) el azar no se puede verificar para una sucesión particular de eventos naturales (convenientemente matematizados), entonces, de forma equivalente, (ii) la finalidad no se puede refutar como ley general que pretende describir muchas de esas secuencias".

En consecuencia, volviendo al inicio del parágrafo, la ciencia no nos puede ofrecer una explicación última de la realidad, precisamente porque existen ámbitos de la ciencia que por definición escapan a ella misma, en concreto, la incompletitud matemática y la indeterminación física. La ciencia reclama, desde dentro, un complemento, para completar el cuadro de la racionalidad humana. La ciencia necesita ser enriquecida por otro tipo de saberes, como son el arte, la moral, la filosofía o la teología. El mito cientificista no deja de ser entonces una falacia que ni siquiera se sostiene científicamente hablando, es decir, no responde a una actitud científica el ser cientificista. Es más racional, en consecuencia, completar la razón científica, a través de un diálogo interdisciplinar con la filosofía y la teología. La apertura al saber es más rica si es polifónica que si es unívoca.

Hasta aquí este breve recorrido que busca reflexionar teológicamente sobre la realidad tecnológica. Este es el cometido de la teología: dialogar con la cultura contemporánea e iluminarla con la luz del Evangelio. Descubrir el modo o el camino por el cual toda realidad noble –y ciencia y tecnología lo son– está orientada de alguna forma hacia Dios y sirve para realizar el plan de Dios con la humanidad, o por lo menos puede encauzarse en ese sentido.

El avance científico-tecnológico no es ajeno al plan de Dios, y de alguna manera coadyuva a la implantación del reino de Cristo, en la medida en que nos permita vivir más plena y libremente. Como hemos visto a lo largo de las líneas precedentes, esto no se produce de modo automático; es preciso dotar de una orientación humanista a todo avance tecnológico o, dicho de otra forma, no perder de vista el carácter de medio que tienen la ciencia y la tecnología, siendo el fin inmediato el bienestar y auténtico progreso de la humanidad. El avance tecnológico no nos debe enceguecer, de forma que nos conduzca a olvidar el humanismo, que le da sentido. Teniendo como fin de todo desarrollo a la persona humana, imagen y semejanza de Dios, el progreso puede y debe orientarse hacia Cristo, plenitud de la humanidad. Si se orienta hacia Cristo el avance tecnológico conduce a Dios y coopera al plan de Dios.

Para este último propósito es preciso que se cumplan dos condiciones. La primera e imprescindible, que el avance tecnológico no vaya en contra, directa o indirectamente, del plan divino. Por ejemplo: la manipulación genética, la experimentación con embriones o todo progreso que vuelva obsoleta a la persona humana, impidiéndole trabajar y desarrollar las potencialidades que esconde su dimensión espiritual, no son compatibles con el plan de Dios, por no respetar la dignidad humana. El segundo requisito, más restrictivo e ideal, estriba en que los científicos redescubran su misión en el plan de Dios o, dicho de otra forma, que ofrezcan su trabajo a Dios, al tiempo que sean conscientes de que pueden ser, si lo desean, instrumentos en las manos de Dios para realizar su plan en la historia. Se trata de que libremente reconozcan en sus inclinaciones personales y en sus capacidades intelectuales, un don divino que los capacita para realizar la misión para la cual Dios los ha destinado. En otras palabras, se requiere que el científico tenga –puede hacerlo– una honda visión sobrenatural, de modo que descubra que su "vocación profesional es parte, y parte muy importante, de su vocación divina"[35].

Esta perspectiva sobrenatural no es ajena a la reflexión de los científicos sobre su quehacer. Por ejemplo, uno de los científicos más afamados de la historia, Albert Einstein, consideraba que la labor de investigación científica tenía cierta impronta religiosa. En efecto, para Einstein, Dios se identifica con la racionalidad que impregna todo el universo, de ahí su apuesta por la afirmación de que "Dios no juega a los dados". La labor del científico consistiría entonces en ir descubriendo una inmensa e infinita racionalidad

---

35. Cfr. ESCRIVA, Josemaría san, *Es Cristo que pasa*, n. 46 y *Amigos de Dios* m. 60.

que le precede, la racionalidad de Dios o el lenguaje de Dios, que se expresa a través de las leyes científicas que rigen el universo. Por eso, para él, la labor científica no está exenta de poseer "un algo" religioso, una motivación religiosa: penetrar cada vez más en el pensamiento divino. Ciertamente, por eso se le acusó en su momento de defender una especie de panteísmo, e identificar a Dios con las leyes del universo. Él siempre rechazó tal acusación, aunque –todo hay que decirlo– se confesaba teísta pero no religioso. No aceptaba a las religiones institucionalizadas, a pesar de ser él judío, pues consideraba que eran creaciones humanas para consolarnos ante el desamparo de la existencia, una especie de concesión espiritual a los sentimientos de la gente[36].

Lo importante, en cualquier caso, es reconocer que el avance científico tecnológico no es ajeno al plan de Dios en la historia. Los científicos pueden cooperar conscientemente o inconscientemente, voluntaria o involuntariamente con ese plan. En cualquier caso, frecuentemente Dios se sirve de nosotros como instrumentos para realizar el plan de su providencia. Cabe pensar que así fue en momentos históricos muy precisos, como el descubrimiento de América o el de la penicilina. El último Concilio que ha tenido lugar en la Iglesia, reconoce cómo existe una misteriosa relación entre el progreso humano y la instauración del reino de Dios, de forma que el primero prepara y anticipa en cierto modo el advenimiento del segundo:

> "Aunque se nos advierta que de nada le vale al hombre ganar todo el mundo si se pierde a sí mismo, sin embargo, la esperanza de la tierra nueva no debe debilitar, al contrario, debe excitar la solicitud de perfeccionar esta tierra, en la que crece el cuerpo de la nueva humanidad, que ya presenta las esbozadas líneas de lo que será el siglo futuro. Por

36. Cfr. BENITEZ, Hermes H., *Einstein y la religión*, RIL, Santiago 2007.

eso, aunque hay que distinguir cuidadosamente progreso temporal y crecimiento del reino de Dios, con todo, el primero, por lo que puede contribuir a una mejor ordenación de la humana sociedad, interesa mucho al bien del reino de Dios"[37].

De todo lo visto anteriormente, se colige cómo la Iglesia en su conjunto tiene una actitud positiva, abierta y esperanzadora frente al avance científico tecnológico. No cae, sin embargo, en la ingenuidad, pues es sabedora de los peligros que encierra en ocasiones el progreso. Por eso ofrece una forma de sabiduría prudencial que ayuda a que el progreso no pierda el norte y sea siempre realizado por y para la persona humana. Al mismo tiempo, hace notar que, en la medida en que esto último se consiga, tal progreso coopera consciente o inconscientemente con el plan de Dios. La vocación del científico se encuadra entonces como un ministerio de servicio a la humanidad e, indirectamente, a la providencia. Así, en la vida y en el trabajo del científico, se dan la mano ciencia, tecnología y teología. Le toca a la Iglesia recordar, a través del redescubrimiento de la dimensión vocacional de la existencia en los fieles laicos, el carácter vocacional del científico. Es del todo deseable que cada vez más científicos e investigadores realicen sus trabajos con esta convicción trascendente de su misión. Ello constituye un desafío catequético importante para la Iglesia de hoy, especialmente para los fieles laicos, que deberían fungir como despertadores y catalizadores de dicha actitud vocacional.

En sentido inverso, en cambio, la tecnología ha revolucionado la forma de hacer teología. No sólo porque ha facilitado el contacto entre los teólogos y el acceso a las fuentes teológicas de modo masivo; sino también porque ha puesto a la Inteligencia Artificial al servicio de la Teología. Así, mientras se redactaban estas líneas

---

37. Concilio Vaticano II, Constitución Pastoral *Gaudium et spes*, n. 39.

surgió "magisterium.com[38]", una guía para conocer las enseñanzas de la Iglesia Católica. *Magisterium AI* viene a unirse a otras herramientas tecnológicas al servicio de la Teología como pueden ser *Corpus Thomisticum*[39], que contiene la *Opera Omnia* de santo Tomás de Aquino, o la *Biblia Clerus*[40], que contiene los comentarios que han hecho, a cada versículo de la Biblia, el Magisterio de la Iglesia, los Padres de la Iglesia, los diversos santos e incluso los comentarios de la literatura profana al texto sagrado. Es decir, la influencia entre tecnología y teología es bilateral, rica, creciente y fecunda.

38. Recurso disponible en https://www.magisterium.com/es
39. Recurso disponible en https://www.corpusthomisticum.org/iopera.html
40. Recurso disponible en https://www.clerus.org/bibliaclerus/index_esp.html